INHALT

W0391841

SWK 01-I | Das Leben in Gruppen

A. Die Gruppen

Jeder Mensch gehört vielen Gruppen an. Peter ist Mitglied z.B. dieser Gruppen

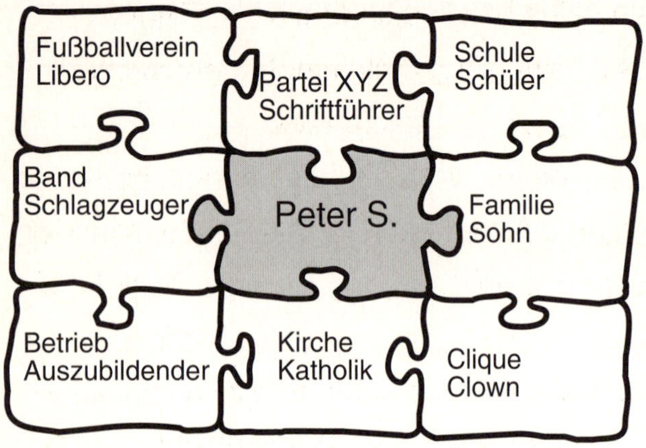

B. Gruppenarten

Gruppen bestehen aus mindestens *zwei* Personen. Es gibt *Großgruppen* (Katholiken oder Protestanten) und *Kleingruppen* (Familie oder Kegelclub).

Gruppen entstehen *geplant-formell* (z.B. die Schulklasse oder die Trainingsstunde) oder *zufällig-informell* (z.B. Treffen eines Freundes).

Gruppen gehört man *zwangsweise* (z.B. Hautfarbe oder Geschlecht) oder *freiwillig* (Fußballverein und Clique) an.

C. Gruppenaufgaben

Gruppen vermitteln *Spezialwissen* (z.B. die Abseitsregel, Rechenregel oder besondere berufliche Kenntnisse).

Gruppen vermitteln *Werteinstellungen* (z.B. Verständnis, Achtung und Toleranz).

Gruppen vermitteln *Verhaltensweisen* (z.B. Nächstenhilfe oder Partnerschaft).

Gruppen geben *Normen (Regeln),* an die sich die Gruppenmitglieder halten müssen (z.B. Spielregeln, Betriebsordnungen oder Gesetze).

Gruppen erwarten ein angemessenes *Rollenverständnis* und *Rollenspiel* der Gruppenmitglieder. Verschiedene Rollen erfordern angemessenes *Rollenverhalten* (z.B. in der Liberorolle, in der Vaterrolle oder in der Schülerrolle).

Gruppen *kritisieren* und *bestrafen* Gruppenmitglieder, deren Verhalten den Interessen und den Normen der Gruppe widerspricht. So werden Aggressivität, Diebstahl oder Brutalität durch die Gruppe zum Schutz der anderen Mitglieder bestraft.

Gruppen *bieten* den Gruppenmitgliedern *Schutz*, gegenseitige Achtung und Toleranz.

SWK 01-A	Das Leben in Gruppen

A. Setze in die Textlücken die richtigen Worte ein!

Peter gehört vielen Gruppen an. Die Gruppen formen jedes Mitglied, indem sie spezielles ________________, Werteinstellungen und Verhaltensweisen vermitteln. In den verschiedenen Gruppen muß Peter unterschiedliche ________________spielen und____________ einhalten. Als Libero des 3. FC Knickebein muß er z.B. wissen, was die Abseitsregel bedeutet. Als Schlagzeuger einer Band muß er______________und Noten kennen. Als Auszubildender muß sich Peter an die______________halten. Gruppen können____________(Peter trifft zwei frühere Schulfreunde auf dem Fußballplatz) oder______________(Peter geht zu einer einberufenen Versammlung seiner Partei) entstehen. Einer Gruppe kann man zwangsweise oder__________________angehören. Peter ist z.B. zwangsweise von Geschlecht ________________und von weißer Hautfarbe. Freiwilliges Mitglied ist Peter in seiner Clique und im__________________.

B. Kreuze die richtigen Antworten an!

1. Zwangsweise gehört man ...

a) ☐ einem Verein an

b) ☐ einer Hautfarbe an

c) ☐ einem Geschlecht an

d) ☐ einem Betrieb an

e) ☐ einem Glauben an

2. Gruppen bestrafen ...

a) ☐ Brutalität

b) ☐ Toleranz

c) ☐ Aggressivität

d) ☐ Partnerschaft

e) ☐ Spezialwissen

C. Gib in der Tabelle drei Gruppen an, denen du angehörst! Nenne die jeweilige Rolle, die du in der Gruppe spielst!

Gruppe	Rolle

D. Deine Meinung ist gefragt!

Der bekannte farbige Fußballspieler Antony Yeboah wird in der Fußballbundesliga von Fans umjubelt. Der unbekannte farbige Gastarbeiter wird als Mensch 2. Klasse behandelt und beleidigt.

SWK 02-I | Gruppenkonflikte und deren Lösungsmöglichkeiten

A. Gruppenkonflikte

Peter gehört vielen Gruppen an und kann aus seinen Mitgliedschaften vielfachen Nutzen ziehen. Aber es können auch Probleme zwischen Gruppen oder zwischen einzelnen Gruppenmitgliedern entstehen. Es kommt zu **Streitigkeiten (Konflikten):**

Partner A	Konflikt	Partner B
Eltern	Ausgangszeiten Taschengeld Mountainbikekauf Kleidung	Peter
Sabine (Freundin)	Sonntagsausflug Discobesuch	
Trainer	Leistungsbereitschaft	
Ausbilder	Arbeitsqualität Pünktlichkeit	
Lehrer	Notengebung Klassenausflug	
Arbeitgeberverband	Lohnhöhe Arbeitszeit Urlaub	Gewerkschaft
Partei ABC	Regierung Politische Entscheidung	Partei XYZ
Verkäufer	Preis Warenqualität Liefertermin	Kunde
Kläger	Körperverletzung	Angeklagter

Die Tabelle zeigt nur einige Beispiele möglicher Konflikte. Wie können diese Konflikte gelöst werden, damit ein friedliches und geordnetes Zusammenleben in den kleinen und großen Gesellschaftsgruppen möglich wird?

B. Lösungsmöglichkeiten von Konflikten

Streitigkeiten zwischen Einzelpersonen oder Gruppen können u.a. durch die folgenden Lösungsmöglichkeiten beigelegt werden:

- **Gespräche**
- **Verhandlungen**
- **Diskussionen**
- **Abstimmungen**
- **Schiedssprüche**
- **Urteile**

Aber auch diese Lösungsmöglichkeiten von Konflikten sind nur dann erfolgreich, wenn sich die Konfliktpartner an Grundregeln halten. Dazu gehören z. B.

- **Zuhören können**
- **Ausreden lassen**
- **Gewaltlos sein**
- **Sachlich bleiben**
- **Fairneß anstreben**
- **Kompromißbereit sein**
- **Tolerant sein**
- **Offen gegenüber anderen Meinungen sein**
- **Eigene Einstellung kritisch überprüfen**

Peter hat sich an diese Regeln gehalten und mit seinem Vater einen Kompromiß über seine Ausgangszeiten am Wochenende ausgehandelt. Beide Partner sind nun zufrieden, denn der Konflikt konnte beseitigt werden.

SWK 02-A	Gruppenkonflikte und deren Lösungsmöglichkeiten

A. Setze in die Textlücken richtigen Worte ein!

Auch Sabine P. gehört_____________________an und kann als Mitglied aus den Gruppen vielfachen Nutzen ziehen. Jedoch können auch zwischen den Gruppen oder zwischen einzelnen Gruppenmitgliedern_______________________entstehen. Es kommt zu Streitigkeiten (_____________). Diese Konflikte müssen____________________werden, damit ein friedliches und geordnetes __________________in kleinen und großen Gesellschaftsgruppen ermöglicht wird. So können Streitigkeiten zwischen Einzelpersonen oder zwischen Gruppen z.B. durch____________ und durch____________________beigelegt werden. Aber auch diese Lösungsmöglichkeiten von Konflikten sind nur dann erfolgreich, wenn sich die Streitenden an Regeln wie_________________und__________________halten.

B. Kreuze die richtigen Antworten an!

1. Konflikte beseitigt man durch...

a) ◯...Gespräche
b) ◯...Aggressivität
c) ◯...Gewalt
d) ◯...Abstimmung
e) ◯...Unterwerfung

2. Einzuhaltende Regeln sind...

a) ◯...Unsachlich sein
b) ◯...Zuhören können
c) ◯...Unfairneß anstreben
d) ◯...Toleranz vermeiden
e) ◯...Ausreden lassen

C. Nenne je zwei Konflikte, die zwischen den folgenden Partnern entstehen können!

1. Eltern/Jugendliche ------------------------------------/ --

2. Lehrer/Schüler ------------------------------------/ --

D. Gib in der Tabelle drei selbst erlebte Konflikte an!

ICH	Konflikt	Partner	Lösung

SWK 03-I	Die Familie

A. Die Familie im Wandel der Zeit

Die Großfamilie	Die Kleinfamilie
 Mehrere Generationen unter einem Dach (Eltern, Kinder, Großeltern, Tanten....). Versorgung mit lebensnotwendigen Gütern und bei Alter und Krankheit durch die Großfamilie.	 In der Regel zwei Generationen in einer Wohnung, Eltern und Kinder. Soziale Absicherung und Versorgung vielfach durch den Staat.

B. Aufgaben der Familie in unserer Gesellschaft

Hat die Familie auch viele Aufgaben an Staat und Gesellschaft abgegeben, so erfüllt sie doch sehr wichtige Funktionen.

Weitergabe des Lebens	**Erziehung der Kinder**	**Halt und Geborgenheit**
Die Kinder werden überwiegend in der Familie geboren, die Familie sorgt für den Fortbestand der Gesellschaft.	Die Familie sorgt für die körperliche, geistige und seelische Entwicklung der Kinder. Sie übt soziale Verhaltensweisen ein, d. h. sie gliedert die Kinder in die Gesellschaft ein und legt den Grundstein für ihre Zukunft.	Die Familie gibt ihren Mitgliedern Nestwärme, sie hilft in der Not, sie tröstet und richtet wieder auf.

Eine besondere Rolle spielt die elterliche Sorge für die Kinder. Die Eltern tragen die Sorge für die Person des Kindes (*Personensorge*), für das Vermögen des Kindes (*Vermögenssorge*) und sie vertreten das Kind bei Rechtsgeschäften. Außerdem tragen die Eltern die *Aufsichtspflicht* und haften auch für Schäden ihrer Kinder. Dies alles ist gesetzlich geregelt. Bei Mißbrauch der elterlichen Sorge (z. B. Mißhandlungen) schreitet der Staat ein. Die Kinder sind nach dem Gesetz verpflichtet, ihren Eltern zu helfen (z. B. im Haushalt).

C. Schutz der Familie

In unserem Grundgesetz Artikel 6 steht geschrieben:

Ehe und Familie stehen unter dem besonderen Schutz der staatlichen Ordnung.

Der Staat gibt rechtlichen Schutz und materielle Unterstützung:

- Wohngeld - Sozialer Wohnungsbau - Bausparen	- Mutterschutz - Erziehungsgeld - Erziehungsurlaub - Babyjahr	- Kinderfreibeträge - Kindergeld - Arbeitsförderung - Ausbildungsförderung	- Eigentums- und Vermögensbildung - 936 DM Gesetz

SWK 03-A	Die Familie

A. Setze in die Textlücken die richtigen Worte ein!

Mehrere Generationen lebten früher in einer________________zusammen, die sich meist auch mit allen lebensnotwendigen________________versorgte. Innerhalb dieser________________ sorgte jeder für jeden. Im Alter und bei Krankheit wurde die________________ebenfalls übernommen. Diese Aufgabe hat heute weitgehend der Staat. Die häufigste Form des Zusammenlebens in unserer Gesellschaft ist die________________. Sie besteht normalerweise aus den________________ und den________________.

B. Beantworte die folgenden Fragen!

1. Nenne die wichtigsten Aufgaben der Familie in unserer Gesellschaft.

____

____

____

2. Was bedeutet es, wenn gesagt wird, die Familie übt soziale Verhaltensweisen ein?

____

____

3. Was steht im Grundgesetz Artikel 6 über Ehe und Familie?

____

4. Welche Verpflichtungen haben nach dem Gesetz auch die Kinder?

____

5. Nenne wenigstens 4 Maßnahmen, mit denen die Familie unterstützt wird.

____

____

____

____

6. Ergänze:

Im Rahmen des Gesetzes tragen die Eltern die Sorge für die________________des Kindes und das__________________des Kindes und sie vertreten das Kind bei____________________.

C. Deine Meinung ist gefragt!

Findest du es gut, wenn Großeltern oder auch andere Verwandte in einer Familie wohnen? Begründe deine Meinung!

____

____

____

____

SWK 04-I | Verhalten im Straßenverkehr

A. Zur Information

Jährlich sterben in der Bundesrepublik Deutschland ca. **11000** Menschen im Straßenverkehr. Die Zahl der Schwer- und Leichtverletzten geht in die Hunderttausende pro Jahr. Verletzungen als Unfallfolgen wie Querschnittslähmungen, innere Verletzungen, zerschnittene Gesichter, Blindheit, Knochenbrüche und andere bleibende Schäden können Lebenserwartungen zerstören. Zunehmend Kinder, Jugendliche und ältere Menschen werden zu Opfern meist unnötiger Verkehrsunfälle. Jeder von uns kann das nächste Unfallopfer sein, das zu Grabe getragen wird oder das für den Rest seines Lebens an den Rollstuhl gefesselt ist. Zu einem sicheren Straßenverkehr können wir alle durch *rücksichtsvolles* und *verantwortungsbewußtes* Verhalten im Straßenverkehr beitragen.

B. Konsequenzen

Falsches Verhalten

Alkohol am Steuer
Raserei
Defekte Fahrzeuge
Gurtmuffel
Falsches Parken
Angeberei
Mißachten der Verkehrsregeln
Rücksichtslosigkeit gegenüber Kindern und älteren Menschen

Folgen

1990: ca. 11000 Tote
ca. 500000 Verletzte

Hohe Sachschäden

Steigende Versicherungsprämien

Verluste für die Volkswirtschaft in Milliardenhöhe

Gegenmaßnahmen

Bessere Verkehrserziehung

Mehr Schutz für Kinder:
- Tempo 30-Zonen
- Rücksitzpflicht
- Spielstraßen, - plätze
- Schulausbildung

Härtere Strafen gegen Alkoholsünder

Mehr Schutz für die älteren Menschen

Wiederholte Prüfungen von Fahrern und Fahrzeugen

Einhalten der Gurtpflicht

Einhalten der Helmpflicht

Führerschein auf Probe

Verkehrsberuhigte Zonen

Ziel

WENIGER TOTE UND VERLETZTE IM STRASSENVERKEHR!

MEHR SICHERHEIT FÜR KINDER UND ÄLTERE MENSCHEN!

RÜCKSICHT-VERANTWORTUNG UND PARTNERSCHAFT IM STRASSENVERKEHR!

SWK 04-A | Verhalten im Straßenverkehr

A. Setze in die Textlücken die richtigen Worte ein!

Jährlich fordert der Straßenverkehr der Bundesrepublik Deutschland etwa______________ Verkehrstote. Die Zahl der Schwer- und Leichtverletzten liegt jährlich bei ca.______________ Verletzten. Verletzungen als Unfallfolgen wie z.B. Blindheit und_________________können die positiven Lebenserwartungen und -chancen vieler Menschen schlagartig______________. Zunehmend Kinder, Jugendliche und ältere Menschen zählen zu den_______________meist unnötiger Verkehrsunfälle. Jeder von uns kann das nächste Verkehrsopfer sein, das zu Grabe getragen wird oder das für den Rest seines________________an den Rollstuhl gefesselt ist. Unsere gemeinsame Aufgabe ist es, die Zahl der Verkehrsunfallopfer zu________________.

Dazu können wir durch ein verantwortungsbewußtes und___________________Verhalten im Straßenverkehr beitragen.

B. Streiche in der folgenden Auflistung mit Lineal die sechs Begriffe durch, die nicht zu einem sicheren Straßenverkehr beitragen!

Gurtpflicht * Alkoholverbot * Geschwindigkeitsüberwachung * Rücksicht * Geschwindigkeits-überschreitung * Richtiges Parken * Rücksitzpflicht * Führerschein auf Probe * Angeberei * Spielstraßen * Helmpflicht * Partnerschaft * Alkohol am Steuer * Raserei * Bessere Schulung * Verantwortung * Defensives Fahren * Radarkontrollen * Verkehrsberuhigte Zonen * Beachten der Verkehrsregeln * Fahrzeugkontrollen * Defektes Fahrzeug * Nebelschlußleuchte * Front- und Heckspoiler

C. Gib die Bedeutung der folgenden Verkehrsschilder an! Male sie an!

1. 		7. 	
2. 		8. 	
3. 		9. 	
4. 		10. 	
5. 		11. 	
6. 		12. 	

SWK 05-I-A	Entschuldigungsschreiben und Urlaubsgesuch

A. Das Entschuldigungsschreiben

Peter hatte eine Grippe und konnte vom 21.03. bis zum 25.03.19.. die Schule nicht besuchen. Wie muß er sein Fehlen bei dem Klassenlehrer entschuldigen?

B. Das Urlaubsgesuch

Sabine ist am 10.04.1992 um 10.00 Uhr zu einem Vorstellungsgespräch eingeladen. Wie beantragt sie für diesen Tag bei ihrem Klassenlehrer Unterrichtsbefreiung?

C. Beispiele

Die nachfolgenden Beispiele zeigen die entsprechenden Formen von **Entschuldigungsschreiben** und **Urlaubsgesuch**. Bei Minderjährigen sind die Unterschriften der Erziehungsberechtigten notwendig.

Peter Schön
Klasse: BVJ-2

66 Saarbrücken, den 26.03.19..
Weberstraße 51
Tel.: 0681/12345

Herrn
Egon Müller
Techn.-gewerbl. BBZ Neunkirchen
Jägersteig 14

6680 Neunkirchen

Entschuldigung

Sehr geehrter Herr Müller,

hiermit bitte ich, mein Fehlen vom 21.03. bis zum 25.03.19.. zu entschuldigen.
Da ich an einer Grippe erkrankt war, konnte ich den Unterricht nicht besuchen.
Eine ärztliche Bescheinigung liegt bei.

Mit freundlichen Grüßen

Peter Schön

Der Erziehungsberechtigte:

Josef Schön

Anlage: ärztliche Bescheinigung

Sabine Pohl
Klasse: BVJ-1

6602 Dudweiler, den 26.03.19..
Sonnenstraße 17
Tel.: 0689/56789

Herrn
Herbert Jost
Berufsbildungszentrum Saarbrücken
Dergelstraße 19

6600 Saarbrücken

Urlaubsgesuch

Sehr geehrter Herr Jost,

da ich am 10. April 19.. (10.00 Uhr) zu einem Vorstellungsgespräch bei der Firma Muster und Sohn in Neunkirchen eingeladen bin, möchte ich Sie bitten, mich für diesen Tag vom Unterrichtsbesuch zu befreien.

Mit freundlichen Grüßen

Sabine Pohl

Der Erziehungsberechtigte:

Egon Pohl

Anlage: Kopie der Einladung

D. Aufgabe zu einem Urlaubsgesuch

Schreibe auf der nächsten DIN A 4-Seite ein Urlaubsgesuch mit dem heutigen Datum.
Grund: Teilnahme an einem zweitägigem 1. Hilfe Kurs, der in vierzehn Tagen stattfindet.

SWK 05-A	Urlaubsgesuch

SWK 06-I-A | Bewerbung

A. Die Bewerbung

Wenn jemand eine Stellenanzeige in der Tageszeitung findet, an der er Interesse hat, dann muß er sich um diese Stelle bewerben. Dabei kann es sich um einen Ausbildungsplatz oder ein Arbeitsverhältnis handeln. Einer Bewerbung sind in der Regel die folgenden Unterlagen beizufügen:

- **Bewerbungsschreiben**
- **Lebenslauf**
- **Zeugniskopien**
- **Lichtbild**

(Lebenslauf, Zeugniskopien, Lichtbild: *Anlagen*)

B. Beispiel für eine Bewerbung

Aus dem eigentlichen Bewerbungsschreiben müssen die Bewerbung, die Anlagen, die Eignung für die Stelle und die Bitte um Berücksichtigung bei der Stellenvergabe hervorgehen. Die verkleinerte Abbildung zeigt ein entsprechendes Bewerbungsschreiben.

Peter Schön *66 Saarbrücken, den 21.08.19..*
Weberstraße 51
Tel.: 0681/1234567

Firma
Ewald Beyer
Rosenstraße 15

66 Saarbrücken

Ihre Anzeige in der Saarbrücker Zeitung vom 17.08.19..

Sehr geehrter Herr Beyer,

hiermit bewerbe ich mich um den ausgeschriebenen Ausbildungsplatz als Maurer in Ihrer Firma.
Über meinen Schulbesuch geben die beiliegenden Zeugnisse und der Lebenslauf Auskunft. Der Bewerbung liegt außerdem ein Lichtbild bei.
Mein sechswöchiges Schulpraktikum habe ich in der Baufirma Wagner in Dudweiler abgeleistet. Meine Vorgesetzten und meine Arbeitskollegen waren mit meinen Leistungen sehr zufrieden. Ich glaube, daß ich auch Ihre Erwartungen erfüllen kann.
Ich bitte Sie daher, mich bei der Vergabe des Ausbildungsplatzes zu berücksichtigen.

Mit freundlichen Grüßen
Peter Schön

Anlage: Lebenslauf
2 Zeugnisse
Lichtbild

C. Aufgabe zur Bewerbung

In einer Tageszeitung findest du die Anzeige des Malerbetriebes Hermann Jost, 7000 Stuttgart, Högelstr. 176, der zum 01.09.19.. einen Auszubildenden als Maler und Lackierer sucht. Schreibe auf der nächsten DIN A 4-Seite deine Bewerbung um diesen Ausbildungsplatz!

SWK 07-I-A	Lebenslauf

A. Der Lebenslauf

Bei Stellenbewerbungen oder bei Anträgen auf Prüfungszulassungen wird in der Regel die Vorlage des Lebenslaufs des Bewerbers angefordert. Der Lebenslauf muß Auskunft über folgende Punkte geben:

- **Angaben zur Person,**
- **Schulbesuch,**
- **praktische Tätigkeiten,**
- **besondere Neigungen,**
- **Unterschrift.**

B. Arten des Lebenslaufes

Der Lebenslauf muß schriftlich verfaßt werden. Es gibt zwei Möglichkeiten der Erstellung des Lebenslaufes:

- **berichtender Lebenslauf (i.d.R. handschriftlich),**
- **tabellarischer Lebenslauf (i.d.R. maschinenschriftlich).**

Der Lebenslauf ist auf ein DIN A 4-Blatt zu schreiben. Da er in berichtender Form einen ersten Eindruck über die Persönlichkeit des Schreibers liefert (Handschrift, Stil), sollte er sehr sauber und übersichtlich sein.

Berichtender Lebenslauf :

Peter Schön — *66 Saarbrücken, den 21.08.19..*
Weberstraße 51

Lebenslauf

Am 13. März 19.. wurde ich als zweites Kind der Eheleute Josef Schön und Eva Schön, geb. Karrenbauer, in Homburg geboren. Von 19.. bis 19.. besuchte ich die Grundschule in Homburg. Nach einem Wohnungswechsel besuchte ich dann von 19.. bis 19.. die Hauptschule in Dudweiler. Im Juni dieses Jahres wurde ich dort aus der 8. Klasse entlassen.
Seit dem 1. August 19.. besuche ich das Berufsvorbereitungsjahr im Techn.-gewerbl. Berufsbildungszentrum Neunkirchen.
Seit meinem 8. Lebensjahr spiele ich Fußball. Zur Zeit bin ich Libero der B-Jugend des 3. FC Knickebein. Außerdem spiele ich Schlagzeug in einer Band.

Peter Schön

Tabellarischer Lebenslauf :

Lebenslauf

Name	Sabine Pohl
Anschrift	Dudweiler, Sonnenstraße 17
Geburtsdatum	16. Mai 19..
Geburtsort	Saarbrücken
Eltern	Egon Pohl und Maria Pohl, geb.Wagner
Schulbildung	19..-19.. Grundschule Sulzbach 19..-19.. Hauptschule Dudweiler, Entlassung aus der 8. Klasse ab 19..Berufsbildungszentrum Saarbrücken, Berufsvorbereitungsjahr
Sportliche Betätigung	Damenfußball (VfR Saarbrücken)
Besondere Neigungen	Zeichnen und Malen

Dudweiler, den 16. August 19..

Sabine Pohl

C. Aufgabe zum Lebenslauf

Schreibe auf der nächsten DIN A 4-Seite deinen eigenen Lebenslauf in einer der beiden Formen bis zum heutigen Tag!

SWK 07-A	Lebenslauf

SWK 08-I | Entwicklung und Aufgaben des Geldes

> „Bei den Fidschi-Insulanern sind Walzähne Geld. Sie werden ‚tambua' genannt, was zugleich ‚heilig', ‚ausgewählt' oder ‚geweiht' bedeutet... Auf den Hebriden haben auch Matten einen hohen Geldwert, wenn sie Toten als Umhüllung dienten. Die Leiche verwest, die Matte nimmt nach der herrschenden Meinung die Kräfte des Toten auf, die sich auf den neuen Eigentümer übertragen...Mit der Zeit wurde das Vieh zum Geld und als solches zum Wertmaßstab schlechthin. Bei Homer (um 800 v. Chr.) erschienen folgende Wertgleichungen: 1 Mann = 100 Rinder / 1 Frau = 4 bis 20 Rinder / 1 Dreifuß = 12 Rinder..."

(Quelle: Hans Gundermann, Kleine Geschichte des Geldes, Bonn 1974)

A. Entwicklung des Geldes

Entwicklungsstufe	Anmerkungen
1. **NATURALGELD** (Warengeld) → Direkter Tausch (Ware - Ware) → Indirekter Tausch (Ware-Zwischengut-Ware)	Der Warentausch bereitet Probleme: - Wertmaßstab der Ware fehlt, - Verderblichkeiten der Waren, - geeignete Tauschpartner fehlen, - Waren sind nicht transportabel, - Waren sind nicht teilbar.
2. **MÜNZGELD** → Wägegeld (Materialwert) → Münzen	Anfang moderner Geldwirtschaft: Münzen sind: - wertbeständig, - transportabel, - teilbar, - allgemein begehrt, - gesetzlich anerkannt.
3. **PAPIERGELD**	Das Papiergeld erhält seine Gültigkeit durch staatliche *Deklarationen (Wertgarantieerklärung).*
4. **BUCHGELD** (Giralgeld)	Zahlungen erfolgen *(bargeldlos)* durch Umbuchungen von einem Konto auf ein anderes Konto (siehe SWK 09).
5. **ERSATZMITTEL** (Surrogate) → Scheck → Kreditkarte → Wechsel	Zahlungen erfolgen *(bargeldlos)* durch Scheck oder Wechsel (siehe SWK 09).

B. Aufgaben des Geldes

1. Geld ist **Tauschmittel**: Peter „tauscht" beim Fahrradhändler eine bestimmte Menge Geld gegen das Mountainbike.
2. Geld ist **Wertmaßstab** (Recheneinheit): Peters Mountainbike entspricht einem Gegenwert (Preis) von 917,00 DM.
3. Geld ist **Zahlungsmittel**: Durch die Garantie des Staates wird Peters Geld zum gesetzlich anerkannten Zahlungsmittel.
4. Geld ist **Wertaufbewahrungsmittel** (Wertspeicher): Peter sparte ein Jahr für das Mountainbike. Zwischen Gelderwerb und -verwendung kann eine beliebige Zeitspanne liegen.
5. Geld ist **Wertübertragungsmittel**: Sabine überweist einen Geldbetrag für eine bestellte Ware auf das Konto eines Lieferanten.

SWK 08-A	Entwicklung und Aufgaben des Geldes

A. Setze in die Textlücken die richtigen Worte ein!

Das heutige Geld erfüllt wichtige Aufgaben in der Volkswirtschaft. So ist Geld ein_______________, durch den die Werte verschiedener Waren und Dienstleistungen durch Preisangaben erfaßt und verglichen werden können. Weiterhin ist das Geld für uns das erforderliche_______________, mit dem wir Waren oder Dienstleistungen gegen Geld erwerben (eintauschen) können. Geld ist ein_________________. Zwischen Gelderwerb und Verwendung kann ein_____________ liegen, denn als "Wertspeicher" kann man mit dem Geld Kaufkraft aus der Gegenwart in die Zukunft übertragen. Durch die Garantie des Staates wird Geld auch zum gesetzlich anerkannten_________________, durch das Waren oder Dienstleistungen erworben werden können. In der Naturalwirtschaft mußten_______________gegen Waren getauscht werden. Dies jedoch bereitete oft erhebliche Probleme. So fehlte ein eindeutiger_______________. Die Ware war oft nicht teilbar oder verderblich, die geeigneten_______________waren selten zu finden und die Tauschware war nicht oder nur schwer zu transportieren. Das Metallgeld erfüllt wesentliche Anforderungen an ein Tauschmittel: Es ist wertbeständig, leicht_______________, gut teilbar, allgemein begehrt und im Wert (durch staatliche Garantie) anerkannt. Das_______________ ersetzt in der modernen Geldwirtschaft als Tauschmittel Ware oder Zwischengut. Beim Buchgeld erfolgen Zahlungen _______________ durch Umbuchungen von einem Konto auf ein anderes Konto.

B. Ergänze in der Übersicht die fehlenden Begriffe!

Entwicklung des Geldes

1. [ ] : (Warengeld) → [ ] Tausch (Ware gegen Ware) → Indirekter Tausch (Ware - [ ] - Ware)

2. [ ] : → Wägegeld (Abwiegen des [ ]) → [ ]

3. PAPIERGELD: Das Papiergeld erhält seine Gültigkeit durch eine staatliche [ ] (= Wertgarantieerklärung).

4. [ ] : Die Zahlungen erfolgen durch Umbuchungen von einem Konto auf ein anderes Konto ([ ]).

5. ERSATZMITTEL: Die Zahlung erfolgt per Scheck oder [ ].

A. Das Konto

Um am bargeldlosen Zahlungsverkehr teilnehmen zu können, muß ein **Konto** bei einer Bank oder Sparkasse eröffnet werden. **Die Kontovollmacht** können dabei mehrere Personen besitzen. **Der Kontoinhaber** muß voll geschäftsfähig sein. Bei Minderjährigen müssen die Erziehungsberechtigten unterschreiben.

B. Der Kontoauszug

Jeder, der über ein Konto verfügt, erhält seine **Kontoauszüge**. Auf dem Kontoauszug werden *Kontostand* und *Ein-* und *Auszahlungen* aufgeführt.

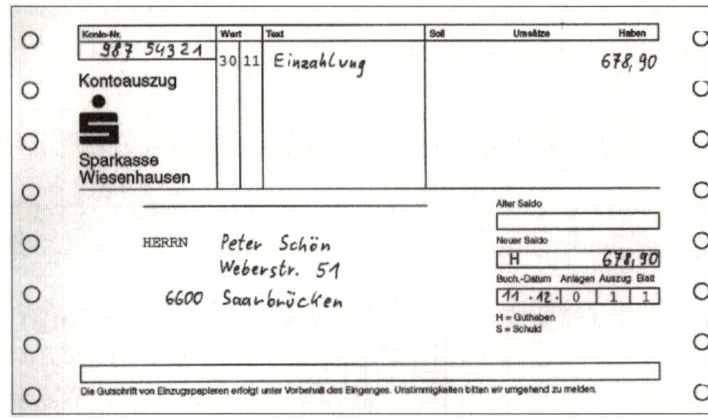
Konto-Nr. 987 54321 | Wert 30 11 | Text Einzahlung | Haben 678,90
Kontoauszug
Sparkasse Wiesenhausen
HERRN Peter Schön, Weberstr. 51, 6600 Saarbrücken
Alter Saldo | Neuer Saldo H 678,90 | Buch.-Datum 11.12. | Anlagen 0 | Auszug 1 | Blatt 1
H = Guthaben, S = Schuld
Die Gutschrift von Einzugspapieren erfolgt unter Vorbehalt des Eingenges. Unstimmigkeiten bitten wir umgehend zu melden.

C. Die Überweisung

Mit einem **Überweisungsauftrag** gibt der Kontoinhaber seiner Sparkasse oder Bank die Anweisung, den eingesetzten Betrag abzubuchen und diesen auf das Konto des Empfängers zu überweisen. Die Überweisung kann z.B. für Rechnungen genutzt werden.

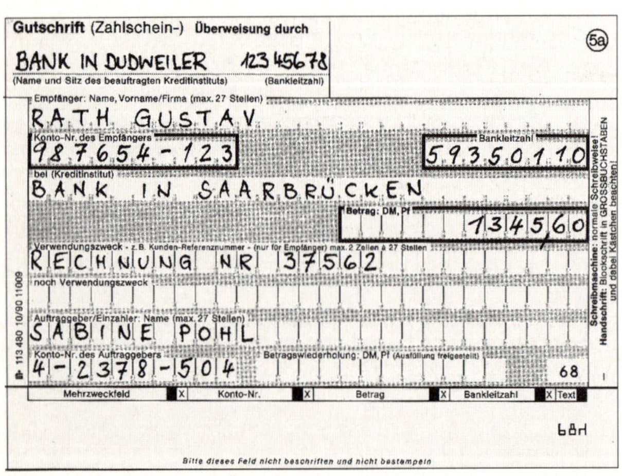
Gutschrift (Zahlschein-) Überweisung durch
BANK IN DUDWEILER 12345678
Empfänger: RATH GUSTAV
Konto-Nr. des Empfängers: 987654-123 | Bankleitzahl: 59350110
bei (Kreditinstitut): BANK IN SAARBRÜCKEN
Betrag: DM, Pf 134560
Verwendungszweck: RECHNUNG NR 37562
Auftraggeber/Einzahler: SABINE POHL
Konto-Nr. des Auftraggebers: 4-2378-504
Mehrzweckfeld | Konto-Nr. | Betrag | Bankleitzahl | Text
Bitte dieses Feld nicht beschriften und nicht bestempeln

D. Der Dauerauftrag

Mit einem **Dauerauftrag** gibt der Kontoinhaber seiner Bank oder Sparkasse die Anweisung, einen gleichbleibenden Betrag zu bestimmten Terminen auf das Konto des Zahlungsempfängers zu überweisen, z. B. Miete.

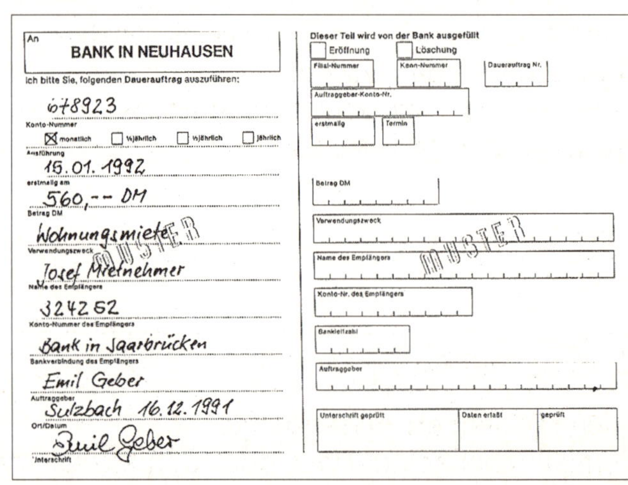
An BANK IN NEUHAUSEN
Ich bitte Sie, folgenden Dauerauftrag auszuführen:
Konto-Nummer: 678923
monatlich
Ausführung erstmalig am: 15.01.1992
Betrag DM: 560,-- DM
Verwendungszweck: Wohnungsmiete
Name des Empfängers: Josef Mietnehmer
Konto-Nummer des Empfängers: 324252
Bankverbindung des Empfängers: Bank in Saarbrücken
Auftraggeber: Emil Geber
Ort/Datum: Sulzbach 16.12.1991
Unterschrift: Emil Geber
MUSTER

E. Die Lastschrift

Mit dem Ausfüllen einer **Einzugsermächtigung** erteilt der Kontoinhaber dem Zahlungsempfänger das Recht, bestimmte Beträge von seinem Konto abbuchen zu lassen.
Dieses Verfahren wird bei wiederkehrenden Zahlungsverplichtungen mit sich ändernden Beträgen verwendet (z.B. Strom-, Wasserrechnung, Telefongebühren).

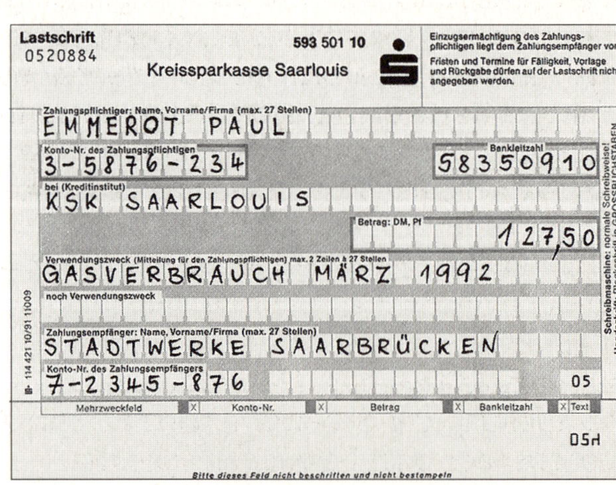
Lastschrift 0520884 | 593 501 10 | Kreissparkasse Saarlouis
Einzugsermächtigung des Zahlungspflichtigen liegt dem Zahlungsempfänger vor. Fristen und Termine für Fälligkeit, Vorlage und Rückgabe dürfen auf der Lastschrift nicht angegeben werden.
Zahlungspflichtiger: EMMEROT PAUL
Konto-Nr. des Zahlungspflichtigen: 3-5876-234 | Bankleitzahl: 58350910
bei (Kreditinstitut): KSK SAARLOUIS
Betrag: DM, Pf 12750
Verwendungszweck: GASVERBRAUCH MÄRZ 1992
Zahlungsempfänger: STADTWERKE SAARBRÜCKEN
Konto-Nr. des Zahlungsempfängers: 7-2345-876
Mehrzweckfeld | Konto-Nr. | Betrag | Bankleitzahl | Text
Bitte dieses Feld nicht beschriften und nicht bestempeln

SWK 09-I | Bargeldloser Zahlungsverkehr II

A. Der Scheck

Mit einem **Scheck** gibt der Aussteller seiner Bank oder Sparkasse die Anweisung, von seinem Konto den eingesetzten Betrag dem Überbringer auszuzahlen oder auf dessen Konto gutzuschreiben.
Es gibt je nach Verwendungsarten verschiedene Arten von Schecks:

Barscheck | **Verrechnungsscheck** | **eurocheque**

B. Der Barscheck

Beim Barscheck wird der eingetragene Betrag zu Lasten des Kontoinhabers an den Überbringer ausbezahlt. Deshalb ist mit dieser Art von Schecks sehr vorsichtig umzugehen, denn die Bank zahlt hier immer an den Überbringer - auf Wunsch bar - aus.

C. Der Verrechnungsscheck

Beim **Verrechnungsscheck** wird der eingesetzte Betrag zu Lasten des Kontoinhabers auf das Konto des Berechtigten gutgeschrieben. Wenn ein Scheck zum Verrechnungsscheck bestimmt werden soll, muß laut Bankgesetz auf dem Scheck oben links stehen: *„nur zur Verrechnung“*. Die Doppellinien anstelle dieses Textes sind nicht zulässig.

D. Der eurocheque

Auch mit dem **eurocheque** gibt der Kontoinhaber seiner Bank oder Sparkasse eine Zahlungsanweisung. Der angegebene Betrag wird zu Lasten seines Kontos an den eingetragenen Scheckinhaber bzw. Überbringer ausgezahlt. Auf der Rückseite des eurocheques ist bei Ausstellung zusätzlich die Nummer der **eurocheque-Karte** einzutragen und zu überprüfen. Durch diese Besonderheit garantiert die ausstellende Bank dem Empfänger des eurocheques die Einlösung jedes Schecks in Höhe bis zu 400,- DM. Eurocheques und eurocheque-Karte sind getrennt aufzubewahren. Bei Verlust der eurocheques muß dies umgehend der Bank mitgeteilt werden. Es erfolgt dann sofort eine Sperrung der Schecks in ganz Europa. An Wochenenden oder Feiertagen kann der Banknotruf in Frankfurt zu jeder Zeit erreicht werden.

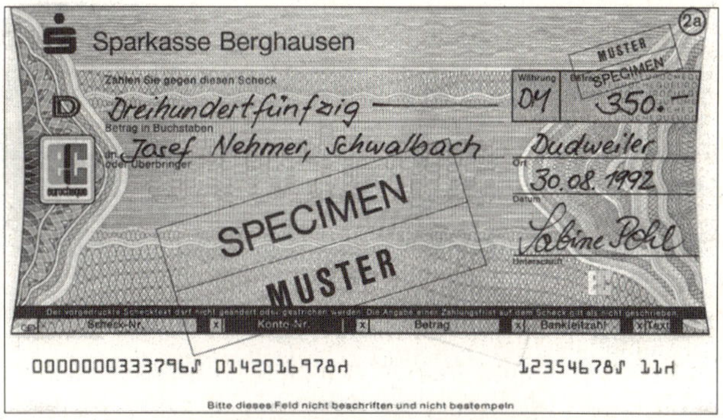

SWK 10-I | Postleistungen I: Brief - Telegramm

A. Der Brief

Durch **Briefe** können längere und vertrauliche Mitteilungen an den Empfänger in verschlossenen Briefumschlägen übermittelt werden. Nach Artikel 10 des Grundgesetzes *(„Brief-, Post- und Fernmeldegeheimnis")* darf kein anderer als der Empfänger den Brief öffnen. Das Höchstgewicht eines Briefes darf 1000 g nicht überschreiten. Nach dem Gewicht müssen unterschiedliche Briefgebühren (Porto) gezahlt werden.

Bei Briefen unterscheidet man u.a. **Drucksachen**, **Warensendungen**, **Wurfsendungen** und **Einschreibesendungen**.

B. Das Telegramm

Durch **Telegramme** können schriftliche Mitteilungen (neben **Telefax**) am schnellsten übermittelt werden. Die Mitteilung wird entweder auf einem *Telegrammvordruck* in einem Postamt geschrieben oder telefonisch an ein Telegrafenamt übermittelt.

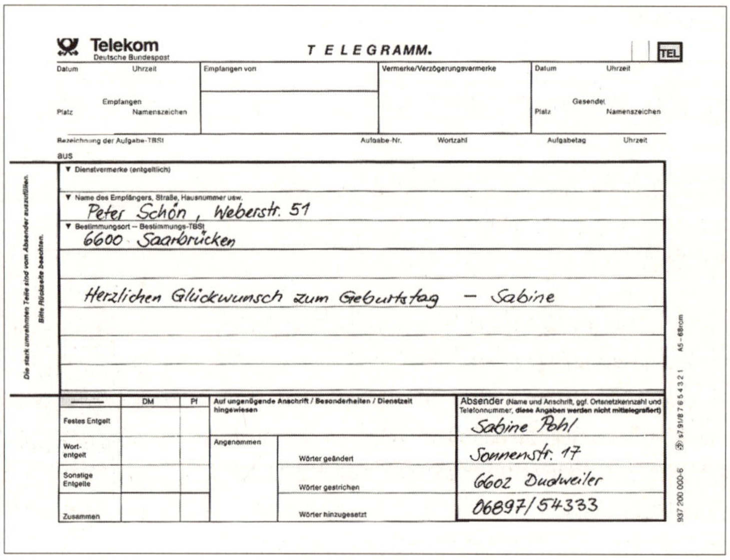

Nach postinterner Übermittlung wird das Telegramm sofort dem Empfänger zugestellt. Auch eine fernmündliche Information kann gegeben werden.

Man unterscheidet zwischen **Telegramm**, **dringendem Telegramm**, **Brieftelegramm** und **Blitztelegramm**, für die verschiedene Gebühren zu zahlen sind.

SWK 10-I	Postleistungen II: Paketkarte - Postanweisung - Zahlkarte

A. Die Paketkarte

Zur Beförderung von Paketen müssen **Paketkarten** ausgefüllt werden. Die Paketkarte mit den Anschriften von Absender und Empfänger wird mit dem Paket zusammen am Postschalter abgegeben.

Der linke Paketkartenabschnitt verbleibt als *Quittung* beim Absender. Man unterscheidet zwischen **Warensendungen** (bis 500 g), **Päckchen** (bis 2 kg) und **Paketen** (bis 20 kg), für die unterschiedliche Gebühren zu zahlen sind.

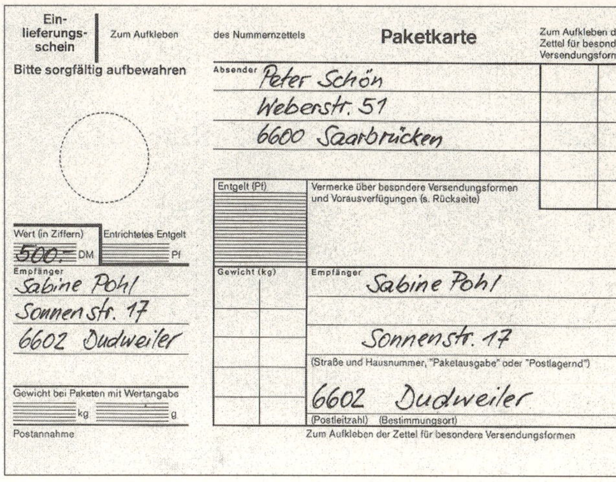

Einlieferungsschein
Zum Aufkleben des Nummernzettels
Paketkarte
Zum Aufkleben der Zettel für besondere Versendungsformen
Bitte sorgfältig aufbewahren
Absender Peter Schön
Weberstr. 51
6600 Saarbrücken
Entgelt (Pf)
Vermerke über besondere Versendungsformen und Vorausverfügungen (s. Rückseite)
Wert (in Ziffern) 500,- DM
Entrichtetes Entgelt Pf
Empfänger
Sabine Pohl
Sonnenstr. 17
6602 Dudweiler
Gewicht (kg)
Empfänger Sabine Pohl
Sonnenstr. 17
(Straße und Hausnummer, "Paketausgabe" oder "Postlagernd")
6602 Dudweiler
(Postleitzahl) (Bestimmungsort)
Gewicht bei Paketen mit Wertangabe kg g
Postannahme
Zum Aufkleben der Zettel für besondere Versendungsformen

B. Die Postanweisung

Mit der **Postanweisung (rosa Formular)** können *Beträge bis zu 3000,- DM* an den Empfänger überwiesen werden. Der Betrag wird vom Absender in einem Postamt bar eingezahlt und dem Empfänger vom Postboten bar ausgezahlt.

Die Postanweisung hat **drei** Abschnitte, die alle ausgefüllt werden müssen. Je einen Beleg erhalten Absender und Empfänger. Der mittlere Abschnitt verbleibt bei der Post als deren Beleg.

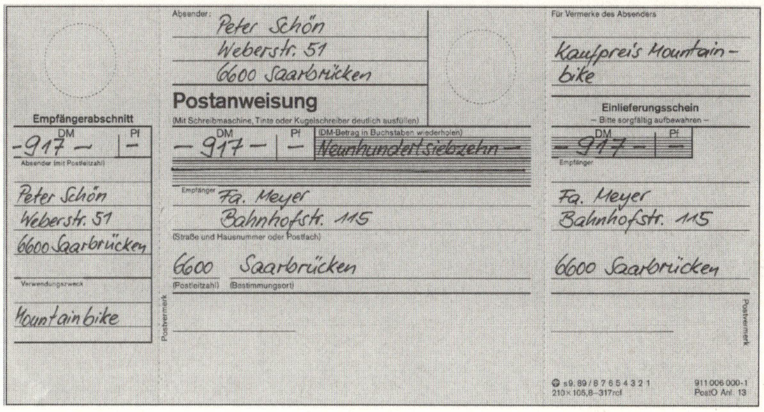

Empfängerabschnitt
DM -917- Pf -
Absender (mit Postleitzahl)
Peter Schön
Weberstr. 51
6600 Saarbrücken
Verwendungszweck
Mountainbike
Absender: Peter Schön
Weberstr. 51
6600 Saarbrücken
Postanweisung
(Mit Schreibmaschine, Tinte oder Kugelschreiber deutlich ausfüllen)
DM -917- Pf -
DM-Betrag in Buchstaben wiederholen: Neunhundertsiebzehn
Empfänger Fa. Meyer
Bahnhofstr. 115
(Straße und Hausnummer oder Postfach)
6600 Saarbrücken
(Postleitzahl) (Bestimmungsort)
Postvermerk
Für Vermerke des Absenders
Kaufpreis Mountainbike
Einlieferungsschein
– Bitte sorgfältig aufbewahren –
DM -917- Pf -
Empfänger
Fa. Meyer
Bahnhofstr. 115
6600 Saarbrücken
Postvermerk
s9. 89 / 8 7 6 5 4 3 2 1
210 × 105,8 – 317ncl
911 006 000-1
PostO Anl. 13

C. Postbankleistungen

Über ein Postgirokonto können folgende Postbankleistungen getätigt werden:

- Ein- und Auszahlungen von Bargeld,
- Überweisungen auf andere Postgirokonten und Konten von Banken und Sparkassen,
- Auszahlungen von Barschecks und eurocheques,
- Einzug von Verrechnungsschecks,
- Ausführen von Daueraufträgen,
- Ausstellen von Kreditkarten.

Kontoauszüge informieren über die Kontobewegungen.

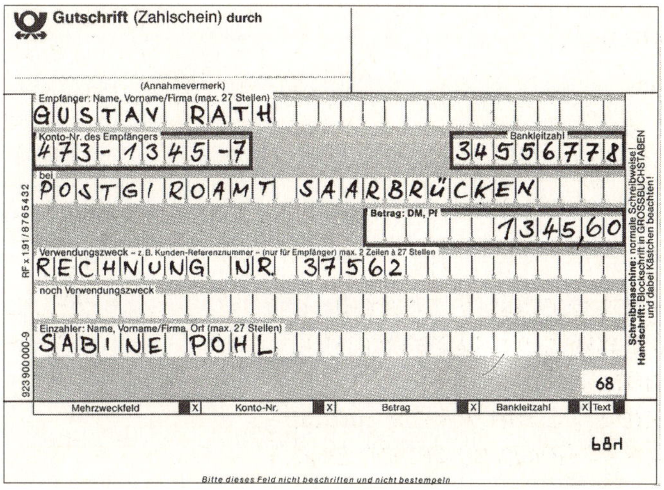

Gutschrift (Zahlschein) durch
(Annahmevermerk)
Empfänger: Name, Vorname/Firma (max. 27 Stellen)
GUSTAV RATH
Konto-Nr. des Empfängers
473-1345-7
Bankleitzahl
34556778
bei
POSTGIROAMT SAARBRÜCKEN
Betrag: DM, Pf
1345,60
Verwendungszweck – z. B. Kunden-Referenznummer – (nur für Empfänger) max. 2 Zeilen à 27 Stellen
RECHNUNG NR 37562
noch Verwendungszweck
Einzahler: Name, Vorname/Firma, Ort (max. 27 Stellen)
SABINE POHL
68
Mehrzweckfeld X Konto-Nr. X Betrag X Bankleitzahl X Text
68H
RF x 1.91 / 8765432
923 900 000-9
Schreibmaschine: normale Schreibweise! Handschrift: Blockschrift in GROSSBUCHSTABEN und dabei Kästchen beachten!
Bitte dieses Feld nicht beschriften und nicht bestempeln

SWK 11-I	Mein Lohn

A. Bruttolohn - Nettolohn

Bei dem *Arbeitsvertrag* und bei den *Tarifverträgen* wird der Lohn vereinbart, den man für die geleistete Arbeit erhält. Der gesamte Lohn, den der Arbeitnehmer mit dem Arbeitgeber vereinbart, wird als **Bruttolohn** bezeichnet. Dieser Bruttolohn wird aber nicht in voller Höhe ausbezahlt. Der Arbeitgeber behält vom Gesetz vorgeschriebene Abzüge ein und führt sie den zuständigen Stellen zu.

Den Bruttolohn abzüglich dieser gesetzlichen Abzüge bezeichnet man als **Nettolohn**.

BRUTTOLOHN

– Gesetzliche Abzüge:

Lohnsteuer
Kirchensteuer
Arbeitnehmeranteil (50%) an:

Krankenversicherung
Arbeitslosenversicherung
Rentenversicherung

NETTOLOHN

Der Nettolohn kann noch verringert werden, wenn beispielsweise vom Gericht verfügte Lohnpfändungen vorliegen, die der Arbeitgeber abführen muß. Vor allem aber freiwillige Leistungen des Arbeitgebers.

– Vertragliche oder gerichtliche Abzüge:

Lohnpfändung
vermögenswirksame Leistungen.

AUSBEZAHLTER LOHN

B. Die Höhe der Abzüge

Die Höhe der Lohnsteuer ist abhänging von der Höhe des Lohnes und der **Lohnsteuerklasse**. Die Lohnsteuerklasse richtet sich nach dem Familienstand und wird von der zuständigen Gemeinde auf der **Lohnsteuerkarte** bei jedem Arbeitnehmer eingetragen. Wer viel verdient, zahlt auch viel Steuern. Und ein verheirateter Arbeiter mit 2 Kindern zahlt weniger Steuern als ein lediger Arbeiter.

Die Höhe der Beiträge zur **Krankenversicherung**, **Arbeitslosenversicherung**, **Rentenversicherung** richten sich nach den aktuell geltenden Prozentsätzen (vgl. SWK 21-I). Grundsätzlich bezahlt der Arbeitnehmer die Hälfte.

Die **Kirchensteuer** beträgt in der Regel 9 % der Lohnsteuer.

C. Der Lohnsteuerjahresausgleich

Der Arbeitgeber berechnet anhand einer Lohnsteuertabelle die Höhe der Lohnsteuer. Nun kann aber der Lohn schwanken oder der Familienstand ändert sich oder der Arbeitnehmer hat außergewöhnliche Belastungen, die sein Einkommen schmälern. Dies kann dann dazu führen, daß man im Jahresdurchschnitt zuviel Steuern entrichtet hat.
Aber nur wer einen **Lohnsteuerjahrsausgleich** macht, kann vom Finanzamt Geld zurückbekommen. Vordrucke sind beim Finanzamt erhältlich und wer Hilfe benötigt, geht zum Steuerberater.

Ursachen für zuviel gezahlte Steuern können sein:

→ Schwankungen der Lohnhöhe / zeitweilige Arbeitslosigkeit;
→ Änderungen beim Familienstand;
→ hohe Werbungskosten (Gewerkschaftsbeiträge, Arbeitsmittel.....);
→ Sonderausgaben (Spenden, Vorsorgeaufwendungen...).

Ein Lohnsteuerjahresausgleich lohnt sich immer, wenn mehrere dieser Ursachen vorliegen.

SWK 11-A	Mein Lohn

A. Setze in die Textlücken die richtigen Worte ein!

Der Gesamtlohn, der zwischen Arbeitgeber und Arbeitnehmer vereinbart wird, wird als ____________________ bezeichnet. Der Arbeitgeber behält vom Gesetz vorgeschriebene ____________________ ein. Den Bruttolohn abzüglich der ____________________ bezeichnet man als ____________________. Die Höhe der Lohnsteuer ist abhänging von der ____________________ und der Lohnsteuerklasse. Die Lohnsteuerklasse richtet sich nach dem ____________________ und wird von der Gemeinde auf der ____________________ bei jedem Arbeitnehmer eingetragen. Wer viel verdient, zahlt ____________________ Steuern. Ein verheirateter Arbeitnehmer mit 2 Kindern zahlt ____________________ Steuern als ein lediger Arbeiter ohne Kinder. Nur wer einen ____________________ macht, kann vom Finanzamt zuviel gezahlte Steuern zurückbekommen. Vordrucke gibt es beim Finanzamt und wer Hilfe benötigt, muß zum ____________________ gehen.

B. Beantworte

1. Zähle die gesetzlichen Abzüge vom Lohn vollständig auf!

____

____

____

____

____

____

2. Paul ist Tischler. Er sieht zu Hause die Lohnabrechnung durch. Dabei vergleicht er Nettolohn und Bruttolohn. Seine Kinder staunen, als sie sehen, daß der Bruttolohn 2.890,32 DM beträgt, der Nettolohn aber nur 1.953,50 DM.

Wie hoch sind die gesetzlichen Abzüge?

____

3. Welche Punkte können maßgeblich sein, damit das Finanzamt Steuern zurückzahlt? Nenne mindestens 4 Punkte!

a) ______________________________

b) ______________________________

c) ______________________________

d) ______________________________

C. Beantworte in ganzen Sätzen!

Unsere Gesellschaft hat es so eingerichtet, daß Familien mit Kindern weniger Steuern zahlen als beispielsweise ledige Personen. Welche Gründe sprechen <u>für</u> diese Regelung?

____

____

____

SWK 12-I	Kredit, Zinsen und Bürgschaft

A. Peter überlegt, ob er sich an seinem 18. Geburtstag ein Mountainbike auf Kredit kaufen soll.

Peter überlegt

B. Was ist ein Kredit?

Manchmal muß man eine notwendige Anschaffung tätigen und hat nicht genügend Bargeld zur Verfügung. Dann bleibt einem oft nichts anderes übrig, als ein *Darlehen* (= Kredit) aufzunehmen.

Unter einem Darlehen oder auch Kredit versteht man das *Leihen von Geld gegen Zinszahlung*.

Du mußt also das Geld, das du dir geliehen hast, zurückzahlen und zusätzlich eine *Gebühr* (= **Zins**) entrichten. Außerdem wird noch eine einmalige Bearbeitungsgebühr berechnet.

Die Rückzahlung des Kredits erfolgt in der Regel in monatlichen *Raten*. Wenn die Raten nicht bezahlt werden, kann die Lohnpfändung erfolgen. Ist die *Laufzeit* (= Dauer) des Kreditvertrages kurz, so sind die Kreditkosten geringer als bei längerer Laufzeit.

Von ganz besonderer Wichtigkeit ist der Zins. Man sollte sich immer den effektiven Jahreszins angeben lassen. Der *effektive Jahreszins* umfaßt alle Kosten des Kredits. Nur er ist ein verläßlicher Maßstab und nur er ermöglicht es, zu vergleichen und das preisgünstigste Kreditangebot auszuwählen.

C. Vorsicht!

Oliver ist schon über 18 und ein guter Freund von Franz. Franz ist in Geldnöten. Die Bank will aber Franz nur den Kredit geben, wenn ein Dritter die Bürgschaft übernimmt (= d.h. der Bürge zahlt an Stelle des Schuldners bei *Zahlungsunfähigkeit*). Franz bittet Oliver, als Bürge einzuspringen. Oliver will Franz helfen und tut es. Nach 10 Monaten ist Franz wieder pleite und zahlungsunfähig. Die Bank wendet sich nun an Oliver, der sein neues Auto verkaufen muß, um die Bürgschaft zu erfüllen.

SWK 12-A	Kredit, Zinsen und Bürgschaft

A. Setze in die Textlücken die richtigen Worte ein!

Unter einem Darlehen oder auch _____________ versteht man das _____________ von Geld gegen _____________. Außerdem ist noch eine _____________________ zu entrichten. Die Rückzahlung erfolgt in der Regel in _____________. Werden die Raten nicht bezahlt, kann eine _____________ erfolgen. Unter der Laufzeit eines Kreditvertrages versteht man die _____________ des Vertrages. Bei langer Laufzeit sind die Kreditkosten _____________ als bei kurzer Laufzeit. Der effektive Jahreszins umfaßt alle ______________ des Kredits. Nur wenn der effektive Jahreszins angegeben ist, kann ich vergleichen und das ______________ Kreditangebot auswählen.

B. Beantworte!

1. Peter hat sich Gedanken gemacht, bevor er einen Kredit aufnehmen will. Stelle Du nun eine **Reihenfolge** der Überlegungen auf, in der man vorgehen sollte.

a) ____

____

b) ____

____

c) ____

____

d) ____

____

e) ____

____

f) ____

____

g) ____

____

2. Begründe die unterschiedlichen Kreditkosten!

Kreditbetrag	Laufzeit	Gesamtbetrag (Zinsen + Bearb.gebühr)	Kreditkosten
5.000	24 Mon.	5.850	
5.000	36 Mon.	6.050	
5.000	48 Mon.	6.200	

C. Begründe Deine Ansicht!

Warum ist bei einer Bürgschaft Vorsicht geboten?

____

____

____

SWK 13-I	Rechte, Pflichten und Lebensalter

A. Hat ein Baby schon Rechte?

Der kleine Klaus ist soeben auf die Welt gekommen. Er hat noch 3 Geschwister. Ulla ist 12 Jahre alt, Peter 16 Jahre alt und Oliver ist bereits 18 Jahre alt. Sie alle haben schon mehr *Rechte*. Aber der kleine Klaus ist bereits **rechtsfähig**, aber noch nicht **geschäftsfähig**.

Die **Rechtsfähigkeit**, d.h. die Fähigkeit Träger von Rechten und Pflichten zu sein, beginnt mit der *Geburt*. So kann das Baby schon als Erbe eingesetzt werden und niemand darf ihm seinen Erbteil streitig machen. Auch kann es vor Gericht als Kläger auftreten - natürlich werden seine Rechte hierbei von einem gesetzlichen Vertreter wahrgenommen. Aber keiner kann dem kleinen Klaus sein Rechte wegnehmen.

B. Rechte und Pflichten von Ulla (Kind, 0 - 14 Jahre)

- Mit 6 Jahren beginnt ihre **Schulpflicht.**
- Ab dem 7. Lebensjahr ist sie beschränkt geschäftsfähig. Die **beschränkte Geschäftsfähigkeit** erlaubt ihr z.B. das freie Verfügen über ihr Taschengeld.
- Mit 12 Jahren beginnt die beschränkte **Religionsmündigkeit**, d.h. sie kann gegen ihren Willen nicht in einem anderen Glauben erzogen werden.

C. Rechte und Pflichten von Peter (Jugendlicher, 14 - 18 Jahre)

- Seit dem 14. Lebensjahr ist Peter bedingt strafmündig. Die **bedingte Strafmündigkeit** bedeutet, daß Jugendliche für Straftaten vom Jugendgericht bestraft werden können.
- Ebenfalls seit dem 14. Lebensjahr ist Peter **religionsmündig**, er kann das religiöse Bekenntnis frei wählen.
- Mit dem 16. Lebensjahr hat er die **Eidesfähigkeit** gewonnen, d.h. er darf einen Eid leisten.
- Ebenfalls kann er mit 16 Jahren vor einem Notar oder Amtsrichter ein Testament verfassen - dies ist die **beschränkte Testierfähigkeit.**
- Mit 16 Jahren hat er auch die **Personalausweispflicht** und er kann *Führerschein Klasse 4 und 5* erwerben.

D. Rechte und Pflichten von Oliver (Erwachsener, ab 18 Jahren)

Mit 18 Jahren ist Oliver **volljährig**. Er ist Erwachsener. Dies bringt ihm:

- die unbeschränkte **Geschäftsfähigkeit**, er ist für seine Geschäfte selbst voll verantwortlich;
- die **unbeschränkte Testierfähigkeit**, er kann ein Testament machen;
- die **Ehemündigkeit**, er kann ohne Einwilligung der Eltern heiraten;
- das **aktive und passive Wahlrecht**, er wählt und kann gewählt werden;
- die **Wehrpflicht**, er muß zur Bundeswehr oder zum Zivildienst;

- die Erlaubnis, den Führerschein Klasse 1 und 3 zu machen. Den Führerschein Klasse 2 (LKW) darf er aber erst mit 21 Jahren machen;
- die **unbedingte Strafmündigkeit**, er wird vor Gericht als Erwachsener behandelt; allerdings können Heranwachsende (18-21 Jahre) unter bestimmtem Umständen noch nach dem Jugendstrafrecht verurteilt werden (vgl. Jugendstrafrecht, SWK 23-I).

SWK 13-A | Rechte, Pflichten und Lebensalter

A. Setze in die Textlücken die richtigen Worte ein!

Die Rechtsfähigkeit ist die Fähigkeit_____________von____________und____________zu sein. Die Rechtsfähigkeit beginnt mit der______________. Ein kleines Kind kann schon als______________eingesetzt werden und niemand kann ihm sein______________streitigmachen. Keiner kann dem Kind seine________________wegnehmen. Vor Gericht werden seine______________durch den gesetzlichen_______________wahrgenommen.

B. Beantworte!

1. Kennzeichne die verschiedenen Altersstufen:

Kind von ________________bis ______________Jahren.

Jugendlicher von ________________bis ______________Jahren.

Erwachsener von ________________bis ______________Jahren.

2. Bestimme, ab welchem Alter die folgenden Pflichten bzw. Rechten gültig werden.

– Kandidaten für den Sitz im Gemeinderat ____________________Jahre.

– Bestrafung für einen Warendiebstahl _______________________Jahre.

– Übertritt zu einer anderen Religionsgemeinschaft _____________Jahre.

– Stimmrecht bei Landtagswahlen __________________________ Jahre.

– Heirat gegen den Willen der Eltern _________________________Jahre.

– Führerschein Klasse 2 erwerben __________________________Jahre.

– Vereidigung bei einem Gerichtsprozeß _____________________Jahre.

C. Kreuze die richtigen Antworten an!

1. Ein 13 jähriger Junge will sich ein Fahrrad kaufen. In welchem Fall ist der Kauf gültig?
- a) ☐ Der Junge kauft ohne Billigung seiner Eltern.
- b) ☐ Der Kauf ist gültig, wenn die Eltern nachträglich zustimmen.
- c) ☐ Der Kauf ist gültig, wenn der Verkäufer einverstanden ist.

2. Ulla, 12 Jahre alt, kauft sich ohne Wissen der Eltern von ihrem Taschengeld einen Ball.
- a) ☐ Der Kauf ist gültig.
- b) ☐ Der Kauf ist nur gültig, wenn die Eltern zustimmen.
- c) ☐ Der Kauf ist ungültig.

3. Ein 12 jähriger Junge ist beim Fahrraddiebstahl erwischt worden.
- a) ☐ Der Jugendrichter verurteilt ihn zu 6 Monaten Jugendstrafe.
- b) ☐ Er kann nicht verurteilt werden, da er noch nicht strafmündig ist.

D. Deine Meinung ist gefragt!

Versuche zu begründen, warum man den Führerschein Klasse 2 (LKW) erst mit 21 Jahren machen darf.

____

____

SWK 14-I	Rechtsgeschäfte, Verträge und Kaufvertrag

A. Rechtsgeschäfte und Verträge

1. Alle Verträge sind **mehrseitige Rechtsgeschäfte**, d.h. sie kommen durch *übereinstimmende Willenserklärungen* von mindestens 2 Personen zustande.
   Rechtsgeschäfte können *formlos* erfolgen (wie bei den meisten Kaufverträgen), sie können *schriftlich* (z.B. Ratenkaufvertrag), aber auch *öffentlich beglaubigt* oder *öffentlich beurkundet* (z.B. bei einem Grundstückskauf) erfolgen.

2. **Nichtig**, d.h. von Anfang an unwirksam sind Rechtsgeschäfte bei: – Geschäftsunfähigkeit, – mangelnder gesetzlicher Form, – Verstoß gegen die guten Sitten, – Verstoß gegen Gesetze, – Scheingeschäften, – Scherzerklärungen.	3. **Anfechtbar**, d.h. durch Anfechtung werden Rechtsgeschäfte nichtig bei: – Irrtum, – arglistiger Täuschung, – widerrechtlicher Drohung.

B. Der Kaufvertrag

Der Kaufvertrag kommt zustande durch **Vertragsangebot** *und* **Vertragsannahme**. Ein Angebot liegt dann vor, wenn eine bestimmte Ware einer Person zum Kauf angeboten wird. Käufer und Verkäufer gehen mit dem Kaufvertrag gegenseitige Verpflichtungen ein.

Der Verkäufer verpflichtet sich: – die Ware vertragsgemäß zu liefern, – dem Käufer Eigentum an der Ware zu verschaffen, – die Zahlung anzunehmen.	Der Käufer verpflichtet sich: – die gelieferte Ware anzunehmen, – das Eigentum an der Ware anzunehmen, – den vertraglichen Preis zu zahlen.

C. Störungen bei der Erfüllung des Kaufvertrages

Es kommt aber oft vor, daß die gegenseitigen Verpflichtungen nicht eingehalten werden, d.h. die **Erfüllung des Kaufvertrages ist gestört**.

1. Was kann der Käufer tun, wenn der Verkäufer seine Verpflichtungen nicht erfüllt?

Bei *Lieferverzug/Nichtlieferung* kann er: – auf Lieferung klagen, – Wandlung (Rücktritt vom Vertrag) verlangen, – Schadenersatz verlangen.	Bei *Lieferung mangelhafter Ware* kann er: – Wandlung verlangen, – Minderung (des Preises) verlangen, – Umtausch/Schadenersatz verlangen.

2. Was kann der Verkäufer tun, wenn der Käufer seine Verpflichtungen nicht erfüllt?

Bei *Annahmeverzug/Nichtannahme* der Ware kann er: – auf Abnahme klagen, – Schadenersatz fordern.	Bei *Zahlungsverzug/Nichtzahlung* kann er: – auf Zahlung klagen, – Schadenersatz, Verzugszinsen verlangen.

SWK 14-A | Rechtsgeschäfte, Vertrag und Kaufvertrag

A. Setze in die Textlücken die richtigen Worte ein!

Alle Verträge kommen durch übereinstimmende______________________von mindestens _________________ zustande. Rechtsgeschäfte können formlos erfolgen, sie können ______________erfolgen, aber auch öffentlich_______________und öffentlich beurkundet. Ein Kaufvertrag kommt zustande durch___________________und___________________. Käufer und Verkäufer gehen mit dem Kaufvertrag gegenseitige___________________ein. Wenn die Verpflichtungen nicht eingehalten werden, dann ist die_______________des Kaufvertrages gestört.

B. Beantworte!

1. Kreuze an, wann ein Rechtsgeschäft nichtig ist.

a) ☐ Bei Verstoß gegen die Gesetze.

b) ☐ Bei Geschäftsunfähigkeit.

c) ☐ Bei Arbeitslosigkeit.

d) ☐ Bei Irrtum.

e) ☐ Bei Dummheit.

f) ☐ Bei Verstoß gegen die guten Sitten.

2. Vervollständige die Auflistung!

Der Verkäufer verpflichtet sich
- ________________________________
- dem Käufer Eigentum an der Ware zu verschaffen.
- ________________________________

Der Käufer verpflichtet sich
- ________________________________
- ________________________________
- den vertraglichen Preis zu zahlen.

C. Beantworte in ganzen Sätzen!

1. Peter hat ein Fahrrad gekauft. Bei Lieferung muß er leider feststellen, daß am Rahmen der Lack beschädigt ist.
Was kann Peter tun?

____

____

____

____

2. Peter´s Freund hat ein Fahrrad auf Ratenzahlung gekauft. Aber das Geld hat er zum Teil schon anderweitig ausgegeben. Nun kann er nicht bezahlen. Das Fahrradgeschäft hat schon zweimal eine Mahnung geschickt.
Was kann der Verkäufer noch tun?

____

____

____

____

SWK 15-I	Die Kaufentscheidung

A. Der Kauf wird geplant.

Peter treibt gerne Sport. Am liebsten würde er sich sogleich ein Mountain-Bike kaufen. Aber das Geld reicht nicht und auch sein Vater hat bisher nicht eingewilligt. Zu seinem 16. Geburtstag sieht die Sache dann anders aus. Anstatt großer Geschenke bekommt er von seinen Eltern und Verwandten Geld geschenkt, um sich das Fahrrad zu kaufen. Zusammen mit seinen Ersparnissen reicht das Geld.
Bevor Peter aber sein langersehntes Mountain-Bike kauft, fängt er an, zu überlegen und den Kauf richtig zu planen.

Wie Peter beim Kauf vorgeht:
- Er überlegt zuerst einmal, für welchen Zweck er das Fahrrad in erster Linie haben will.
- Er sammelt jede Menge Kataloge und Prospekte über Mountain-Bike´s.
- Er liest Testberichte, er vergleicht Schaltungen und Bremssysteme, verschiedene Materialien der Rahmen u.v.a.
- Dann vergleicht er in verschiedenen Geschäften die Typen und die Preise.
- Er zieht 3 bis 4 annähernd gleiche Modelle in die engere Vorauswahl.
- Er entscheidet sich schließlich für ein Mountain-Bike in reiner Geländeausführung, mit 21 Gängen, Cantilever-Bremsen und einem Rahmen aus CrMo Stahl.

B. Der Kaufpreis.

Der Kaufpeis von Peter´s Mountain-Bike beträgt 917,00 DM. Der Händler bietet ihm auch **Ratenzahlung** an und erklärt dies:
- *Ratenkauf* ist Kauf einer Ware gegen *Bezahlung in bestimmten Zeitabständen* (= **Raten**).
- Die Ware bleibt *Eigentum des Verkäufers* bis zur Bezahlung der letzten Rate.
- Im Kaufvertag sind die einzelnen Raten aufgeführt, wann sie bezahlt werden müssen (= **Fälligkeit**) und auch der Barzahlungspreis ist als Vergleichspunkt angegeben.

Im Falle von Peter´s Fahrrad sieht die Rechnung dann wie folgt aus:
- Barpreis: 917,00 DM
- Ratenzahlungspreis: 996,00 DM
- Monatliche Rate: 83,00 DM (x 12)
- Fälligkeit: am 1. eines jeden Monats

C. Peter kommt ins Grübeln!

- Bei Ratenzahlung hätte er noch genügend Geld, um sich sofort eine passende Fahrradausrüstung zu kaufen!
- Die monatlichen Raten könnte er sich leisten – mit seinem Taschengeld und dem Restgeld für den Kauf.
- Peter hat auch schon etwas von Leasing gehört.

Andererseits:
- Die Ratenzahlung ist etwas teurer.
- Zudem ist der Händler bereit, bei sofortiger Barzahlung 2% **Skonto** (= **Preisnachlaß**) auf den Barpreis zu geben.

SWK 15-A	Die Kaufentscheidung

A. Setze in die Textlücken die richtigen Worte ein!

Bevor Peter das Fahrrad kauft, stellt er Überlegungen an und beginnt, den Kauf richtig zu_______________. Zuerst überlegt er, für______________________er das Fahrrad haben will. Dann sammelt er jede Menge______________und_____________________über Mountain-Bike´s. Er liest_______________über Fahrräder, er vergleicht die wichtigsten Teile eines Fahrrades. Nun erkundigt er sich in verschiedenen Geschäften nach Typen und __________________. Er zieht 3 - 4 Modelle in die____________________________.
Dann erst entscheidet sich Peter für den Kauf eines Fahrrades.

B. Beantworte die folgenden Fragen!

1. Wie erfolgt beim Ratenkauf die Bezahlung der Ware?

____

2. Wann ist die Ware volles Eigentum des Käufers?

____

3. Was muß im Ratenkaufvertrag neben den einzelnen Raten noch aufgeführt sein?

____

____

4. Wie hoch ist der Unterschied zwischen Barzahlungspreis und Ratenkaufpreis?

____

____

5. Wieviel könnte Peter zusätzlich sparen bei 2% Skonto auf den Barzahlungspreis?

____

____

C. Deine Meinung ist gefragt!

Peter kann sich nicht entscheiden zwischen Barzahlung und Ratenzahlung. Wie würdest du entscheiden? Begründe deine Meinung!

____

____

____

____

____

SWK 16-I	Die Berufsausbildung

A. Peter sucht eine Lehrstelle.

Wer eine **Lehrstelle** sucht, wendet sich am besten zuerst an das **Arbeitsamt**.

- Zuerst vereinbart Peter einen Termin mit den *Beratern beim Arbeitsamt.*
- In einem *persönlichen Gespräch* kann er dann seine Vorstellungen und Wünsche äußern.
- In der Regel erfolgt auch ein *Eignungstest*, durch den er erfährt, welche Berufsgruppe am besten auf ihn zugeschnitten ist.
- Jetzt kann die eigentliche *Vermittlung* eines Ausbildungsplatzes beginnen.
- Selbstverständlich kann und soll er sich auch *selbständig* nach einem Ausbildungsplatz umschauen.

B. Der Berufsausbildungsvertrag

Hast du einen Ausbildungsplatz gefunden, dann wird zuerst ein *Berufsausbildungsvertag* abgeschlossen – zwischen dem Auszubildenen (und den Eltern, wenn der „Azubi" noch keine 18 Jahre alt ist) **und** dem Ausbildungsbetrieb.

Grundlage der Berufsausbildung in Deutschland ist das **Berufsbildungsgesetz** (= **BBiG**).

Vorraussetzungen für einen gültigen Berufsausbildungsvertrag sind:

- Schriftform,
- Vorlage und Genehmigung des Vertrages bei der zuständigen Kammer **und** Eintragung in das Verzeichnis der Berufsausbildungsverhältnisse.

Nach **§ 4 BBiG** muß der Berufsausbildungsvertrag folgende Mindestangaben enthalten:

- Art und Ziel der Berufsausbildung,
- Dauer der täglichen Arbeitszeit,
- Dauer des Urlaubs,
- Vorraussetzungen für eine Kündigung,
- Beginn, Dauer der Ausbildung,
- Dauer der Probezeit,
- Zahlung und Höhe der Vergütung,
- gegenseitige Rechte und Pflichten.

C. Das Duale System

Die Berufsausbildung erfolgt bei uns in Deutschland in der *Berufsschule* **und** im *Ausbildungsbetrieb.* Diese Regelung nennt man „**Duales System**".

Schwerpunkt Schule

- theoretische Fachkenntnisse,
- Vertiefen der Allgemeinbildung.

Schwerpunkt Betrieb

- berufspraktische Kenntnisse und Fertigkeiten,
- Berufserfahrung.

DUALES SYSTEM

Absicherung durch:

Berufsbildungsgesetz – Jugendarbeitsschutzgesetz – Lehrpläne – Ausbildungsordnung – Prüfungsordnung – Schulgesetz

SWK 16-A | Die Berufsausbildung

A. Setze in die Textlücken die richtigen Worte ein!

Wer eine Lehrstelle sucht, der wendet sich am besten zuerst an das____________________.

Zunächst vereinbart man einen Termin mit den________________ beim________________.

In einem persönlichen Gespräch kann man seine________________ und Wünsche äußern.

In der Regel erfolgt ein__________________, bei dem man erfährt, für was man geeignet ist.

Jetzt beginnt die eigentliche__________________eines Ausbildungsplatzes.

Ist ein Ausbildungsplatz gefunden, dann wird ein________________________abgeschlossen.

Grundlage der Berufausbildung in Deutschland ist das______________________.

B. Beantworte!

1. Welche Mindestangaben muß ein Berufsausbildungsvertrag enthalten?
Vervollständige die Auflistung:

______________________________ ______________________________

Dauer der täglichen Arbeitszeit ______________________________

Dauer des Urlaubs ______________________________

Vorraussetzungen für eine Kündigung ______________________________

2. Wie nennt man unser System der Berufsausbildung?

____

3. Welche Schwerpunkte werden in der Berufsschule vermittelt?

____

____

4. Welche Schwerpunkte werden im Ausbildungsbetrieb vermittelt?

____

____

C. Begründe Deine Ansicht!

Oliver und Jan lernen beide KFZ-Mechaniker in 2 verschiedenen Betrieben. Ihre Ausbildung in den Betrieben verläuft recht unterschiedlich. Aber beide machen natürlich die gleiche Abschlußprüfung.

Versuche aus diesem Fall die Vorteile des Dualen Systems herauszustellen!

____

____

____

SWK 17-I	Das Arbeitsverhältnis

A. Der Arbeitsvertrag

Nicht jeder Jugendliche will eine **Berufsausbildung** machen. Viele wollen einfach arbeiten und Geld verdienen. Voraussetzung aber ist, daß die *Berufsschulpflicht im BGJ, BVJ* oder sonstwie erfüllt worden ist. Auch das reine Arbeitsverhältnis wird durch einen **Vertrag** geregelt. In der Regel wird der **Arbeitsvertrag** zwischen dem einzelnen Arbeitgeber und dem einzelnen Arbeitnehmer abgeschlossen. Dies nennt man dann auch folgerichtig Einzel-Arbeitsvertrag. Die Einzelheiten des Arbeitsvertrages werden heute größtenteils durch die *Tarifvertäge* (vgl. SWK 20-I) bestimmt.

Zu den wesentlichen Inhalten eines Arbeitsvertrages gehören folgende Punkte:

→ gegenseitige Rechte und Pflichten,
→ Art der Arbeit,
→ Lohn und Art der Entlohnung,
→ Arbeitszeiten, Pausen, Urlaub,
→ Kündigung, Kündigungsfristen.

B. Kündigung und Kündigungsfristen

Das Arbeitsverhältnis endet entweder nach einer vertraglich vereinbarten Zeit oder durch Kündigung.

Bei einer Kündigung unterscheidet man zwischen einer **ordentlichen Kündigung** und einer **außerordentlichen Kündigung**. Bei der ordentlichen Kündigung muß eine Kündigungsfrist eingehalten werden. Bei der außerordentlichen Kündigung, die fristlos erfolgt, muß ein wichtiger Kündigungsgrund angegeben werden.

Die **Kündigungsfristen** sind bisher bei Arbeitern und Angestellten unterschiedlich. Die Frist beträgt bei Arbeitern 14 Tage, bei Angestellten 6 Wochen zum Quartalsende. Längere Fristen gelten bei einer längeren Beschäftigungszeit im gleichen Betrieb.
Diese unterschiedlichen Fristen müssen aber bis zum 30.06.93 angeglichen werden (Urteil des Bundesverfassungsgerichtes).

C. Der Kündigungsschutz

Das **Kündigungsschutzgesetz** schützt alle Arbeitnehmer, die mindestens 6 Monate im gleichen Betrieb angestellt und 18 Jahre alt sind. Eine Kündigung ist nur rechtswirksam bei schuldhaftem Verhalten des Arbeitnehmers oder bei dringenden betrieblichen Bedürfnissen.

Das Kündigungsschutzgesetz schützt:

bei sozial nicht gerechtfertigten Kündigungen.	bei Massenentlassungen: hier muß der Betriebsrat eingeschaltet und das Arbeitsamt informiert werden.	bestimmte Personengruppen: Betriebsratsmitglieder, Schwerbehinderte, Schwangere, Wehrpflichtige.

Die **Kündigungsschutzbestimmungen** gelten aber nicht, wenn ein *schuldhaftes Verhalten* vorliegt. Liegt ein schwerwiegender Grund vor, dann kann fristlos gekündigt werden.

Der *Arbeitgeber* kann fristlos kündigen bei:	Der Arbeitnehmer kann fristlos kündigen bei:
– Diebstahl, Betrug, – Arbeitsverweigerung, – vorsätzlicher Sachbeschädigung, – grober Beleidigung, tätlichem Angriff.	– Ausbleiben der Lohnzahlung, – grober Beleidigung, tätlichem Angriff.

SWK 17-A | Das Arbeitsverhältnis

A. Setze in die Textlücken die richtigen Worte ein!

Voraussetzung dafür, daß ein Jugendlicher ein reines Arbeitsverhältnis beginnen will, ist, daß er die ____________________ erfüllt hat. Auch das reine Arbeitsverhältnis wird durch einen ____________________ geregelt. Der ____________________ wird zwischen dem einzelnen Arbeitgeber und dem einzelnen Arbeitnehmer abgeschlossen. Dies nennt man dann folgerichtig ____________________. Die Einzelheiten werden heute größtenteils durch die ____________________ geregelt.

Das Arbeitsverhältnis endet entweder nach einer vertraglich vereinbarten ____________ oder durch ____________________. Man unterscheidet zwischen einer ____________________ und einer ____________________ Kündigung. Das Kündigungsschutzgesetz schützt alle Arbeitnehmer, die mindestens ____________________ im gleichen Betrieb arbeiten und 18 Jahre alt sind. Eine Kündigung ist hiernach nur wirksam bei ____________________ Verhalten oder bei dringenden ____________________ Bedürfnissen.

B. Beantworte!

1. Nenne die wesentlichen Inhalte eines Arbeitsvertrages!

____

____

____

____

____

2. Welche Gruppen sind durch das Kündigungsschutzgesetz besonders geschützt?

____

____

3. Wer muß bei Massenentlassungen eingeschaltet und informiert werden?

____

4. Wann kann der Arbeitnehmer fristlos kündigen?

____

____

C. Begründe Deine Antwort!

Franz F. kommt sehr oft zu spät zur Arbeit und fehlt auch an 4 - 5 Tagen im Monat ohne Grund. Als ihn der Chef an einem Nachmittag aus einer Kneipe kommen sieht, obwohl er arbeiten müßte, kündigt er ihm fristlos. Ist dies richtig?

____

____

____

____

SWK 18-I	Das Jugendarbeitsschutzgesetz

A. Warum Jugendarbeitsschutzgesetz?

Der 16 jährige Peter arbeitet als Azubi in einer Fensterfabrik. Vor Weihnachten häufen sich die Aufträge und Peter muß ein großes Arbeitspensum leisten. Daß dabei einiges zu kurz kommt, sieht Peter ein, zumal er ja weiß, daß diese Zeit vorbeigeht. Doch als ihn sein Meister bittet, an den kommenden 3 Berufsschultagen zu arbeiten, kommt es zum Streit. Seine Ausbildung will Peter auf keinen Fall vernachlässigen.

Peter ist im Recht. Denn das **Jugendarbeitsschutzgesetz** schützt Jugendliche, die in einem Ausbildungs- oder Arbeitsverhältnis stehen. Selbst wenn viele Jugendliche das oft nicht wahrhaben wollen, so ist es dennoch eine Tatsache, daß Jugendliche weniger widerstandsfähig als Erwachsene sind und sich noch im Wachstum befinden. Unsere Gesellschaft will nicht, daß ihre Gesundheit gefährdet und ihr Wachstum gestört wird. Dazu gehört natürlich auch, daß Jugendliche ihre Ausbildung ordnungsgemäß durchlaufen. Kinderarbeit ist nach dem Gesetz grundsätzlich verboten.

B. Die wichtigsten Bestimmungen des Jugendarbeitsschutzgesetzes.

ARBEITSZEIT	→ täglich höchstens 8 Stunden, wöchentlich 40 Stunden, 5 - Tage Woche, keine Sonn- und Feiertagsarbeit (Ausnahmen möglich, z.B. Bäckereien....).
RUHEPAUSEN	→ 30 min bei 4,5 bis 6 Stunden Arbeitszeit, 60 min bei mehr als 6 Stunden.
TÄGLICHE FREIZEIT	→ Nach der Arbeit mindestens 12 Stunden.
NACHTRUHE	→ von 20 Uhr bis 6 Uhr keine Beschäftigung (Ausnahmen möglich).
URLAUB	→ 15 Jahre - 30 Werktage. 16 Jahre - 27 Werktage. 17 Jahre - 25 Werktage.
AKKORDARBEIT	→ verboten.
GEFÄHRLICHE ARBEITEN	→ verboten.
BERUFSSCHULE PRÜFUNGEN	→ Anrechnung auf die Arbeitszeit, Freistellung für die Berufsschule und Prüfungen.
GESUNDHEIT	→ Verpflichtung zu kostenlosen ärztlichen Untersuchungen.

C. Was tun, wenn....?

Die **Gewerbeaufsichtsämter** kontrollieren das Einhalten des Jugendarbeitsschutzgesetzes. Was können Jugendliche tun, wenn die gesetzlichen Bestimmungen nicht eingehalten werden?

→ Mit den Eltern reden.

→ Mit dem Meister, Ausbildungsleiter, Chef offen reden.

→ Im Betrieb mit Betriebsrat, Jugendvertretung reden.

→ Sich der zuständigen Kammer anvertrauen, der Gewerkschaft oder auch dem Arbeitgeberverband.

→ Meldung beim zuständigen Gewerbeaufsichtsamt machen.

SWK 18-A | Das Jugendarbeitsschutzgesetz

A. Setze in die Textlücken die richtigen Worte ein!

Das Jugendarbeitsschutzgesetz schützt Jugendliche, die in einem____________________ oder___________________________stehen. Viele Jugendliche wollen selbst oft nicht wahrhaben, daß sie weniger__________________als Erwachsene sind und sich noch im __________________ befinden. Die______________________der Jugendlichen soll nicht gefährdet werden und ihre Entwicklung nicht gestört werden. Dazu gehört selbstverständlich, daß Jugendliche ihre ____________________ordnungsgemäß machen können. Grundsätzlich verboten ist nach dem Jugendarbeitsschutzgesetz die__________________. Kontrollorgan für die Einhaltung und Überwachung ist das_________________________.

B. Kreuze die richtigen Antworten an!

1. Wer muß einschreiten, wenn gegen das Jugendarbeitsschutzgesetz verstoßen wird?

a) ☐ Handwerkskammer
b) ☐ Gewerbeaufsichtsamt
c) ☐ Gewerkschaft

2. Wie hoch darf die tägliche Arbeitszeit sein?

a) ☐ 8,5 Stunden
b) ☐ 9 Stunden
c) ☐ 8 Stunden
d) ☐ 7,5 Stunden

3. Wieviel Freizeit hat ein Jugendlicher nach der täglichen Arbeitszeit mindestens?

a) ☐ 10 Stunden
b) ☐ 11 Stunden
c) ☐ 12 Stunden
d) ☐ 8 Stunden

4. Wieviel Urlaub steht einem 15 - jährigen Azubi zu?

a) ☐ 35 Werktage
b) ☐ 30 Werktage
c) ☐ 27 Werktage
d) ☐ 25 Werktage

5. Wie lange müssen die Ruhepausen sein bei einer Arbeitszeit von mehr als 6 Stunden?

a) ☐ 30 Minuten
b) ☐ 45 Minuten
c) ☐ 60 Minuten
d) ☐ 90 Minuten

C. Deine Meinung ist gefragt!

Wie würdest du vorgehen, wenn dein Arbeitgeber gegen das Jugendarbeitsschutzgesetz verstößt und dich öfters eine halbe Stunde länger arbeiten läßt? Begründe deine Antwort!

____

____

____

____

SWK 19-I	Gewerkschaften und Arbeitgeberverbände

A. Geschichtliche Entwicklung

- Arbeitnehmervertretungen, wie wir sie heute kennen, sind erst im vorigen Jahrhundert aus der Not heraus geboren worden. Ein Überangebot an Arbeitskräften und das Fehlen einer sozialen Absicherung führte zu einer unbarmherzigen Ausbeutung. Selbst Kinder mußten 10 -15 Stunden täglich arbeiten – für einen Hungerlohn. Der einzelne Arbeiter stand machtlos da. Erst als sich die Arbeiter zu *Arbeitervereinen* und dann zu *Gewerkschaften* zusammenschlossen, konnten sie ihre Forderungen besser vortragen und ihre Lage verbesserte sich allmählich.
- Um ein Gegengewicht gegen die zunehmend stärkeren Gewerkschaften zu bilden, haben sich dann auch nach und nach die Arbeitgeber zu *Verbänden* zusammengeschlossen.
- Beide sind aber aufeinander angewiesen. Deshalb nennt man sie ja auch **Sozialpartner**. Der Arbeiter gibt dem Betrieb seine Arbeitskraft und sein fachliches Können. Der Arbeitgeber schafft Arbeitsplätze durch sein Kapital und sorgt für Aufträge und die Entlohnung.

B. Die Arbeitnehmerverbände (Gewerkschaften)

1. Aufgaben und Ziele

Folgende Aufgaben lassen sich aus den Satzugen der Gewerkschaften herauslesen:

- Eintreten für bessere Arbeitsbedingungen (Arbeitsschutz, Urlaub...),
- Eintreten für höhere Löhne und Gehälter,
- Eintreten für Arbeiterinteressen in der Politik (Mitbestimmung, soziale Absicherung...),
- Eintreten für die Fortbildung der Mitglieder,
- Beratung und Vertretung der Mitglieder bei Arbeitsstreitigkeiten,
- Eintreten für Mitglieder in Not.

2. Die einzelnen Organisationen

- Der größte Verband ist der **DGB** (= Deutscher Gewerkschaftsbund) mit 8 Millionen Mitgliedern. Der DGB ist ein Dachverband von Einzelgewerkschaften (IG Metall, ÖTV,...). Nur diese dürfen Tarifverträge abschließen. Sie sind nach Branchen (gleichartige Betriebe) gegliedert.
- **DAG** (= Deutsche Angestelltengewerkschaft).
- **CGB** (= Christlicher Gewerkschaftsbund).
- **DBB** (= Deutscher Beamtenbund).

C. Die Arbeitgeberverbände

1. Aufgaben und Ziele

Wie die Gewerkschaften für die Arbeitnehmer, so setzen sich auch die Arbeitgeberverbände für ihre Mitglieder ein.

- Eintreten für gemäßigtere Lohnsteigerungen,
- Eintreten für Arbeitgeberinteressen in der Politik (Mitbestimmung, Wirtschaftspolitik...),
- Beratung und Unterstützung der Mitglieder bei Streitigkeiten.

2. Die einzelnen Organisationen

Die einzelnen Arbeitgeberverbände sind nach Wirtschaftszweigen (Metall, Textil...) und regional gegliedert. Diese einzelnen Verbände schließen auch die Tarifverträge ab. Fast alle Arbeitgeberverbände gehören der **BDA** (= Bundesvereinigung der Deutschen Arbeitgeberverbände) an.

SWK 19-A | Gewerkschaften und Arbeitgeberverbände

A. Setze in die Textlücken die richtigen Worte ein!

Arbeitnehmervertretungen sind im vorigen Jahrhundert aus der ______________________ geboren worden. Die Arbeitskräfte wurden unbarmherzig ausgebeutet. Selbst Kinder mußten ________________ Stunden arbeiten. Der einzelne Arbeiter war machtlos. Erst als sich die Arbeiter zu __________________ und dann zu __________________ zusammenschlossen, verbesserte sich ihre Lage.
Arbeitnehmer und Arbeitgeber sind aufeinander angewiesen. Deshalb nennt man sie auch __________________. Der Arbeitnehmer gibt dem Betrieb seine ________________ und sein fachliches Können. Der Arbeitgeber schafft __________________ durch sein Kapital und sorgt für __________________ und die Entlohnung.

B. Beantworte folgende Fragen!

1. Nenne 4 der wichtigsten Ziele der Gewerkschaften:

a) ____

b) ____

c) ____

d) ____

2. Was heißt:

CGB ____

DGB ____

BDA ____

DAG ____

3. Was bedeutet es, wenn gesagt wird, der DGB ist ein Dachverband?

____

C. Beantworte in ganzen Sätzen!

Peter ist in die Gewerkschaft eingetreten. Seine Freunde wollen wissen, warum er das getan hat, zumal er ja auch einen Beitrag entrichten muß. Peter sucht nach Gründen, die für einen Beitritt in die Gewerkschaft sprechen.

Hilf ihm:

____

____

____

____

____

____

____

SWK 20-I | Tarifverträge und Tarifverhandlungen

A. Der Sozialpartner

→ Ein *Einzelarbeitsvertrag* zwischen dem einzelnen Arbeitnehmer und dem einzelnen Arbeitgeber bindet nur 2 Personen an den Vertrag. Ein gemeinsamer (= kollektiver) Arbeitsvertrag erlaubt es dagegen, daß gleiche Bedingungen für mehrere Personen gelten. Ein **Tarifvertrag** regelt solche Bedingungen für eine größere Zahl von Beschäftigten und Arbeitgebern.

→ Vertragspartner beim Abschluß eines Tarifvertrages sind die Tarifvertragsparteien (= **Sozialpartner**) – auf *Arbeitnehmerseite* die Gewerkschaften und auf *Arbeitgeberseite* die Arbeitgeberverbände.

→ Arbeitgeberverbände und Gewerkschaften regeln gemeinsam und unabhängig von staatlicher Einflußnahme die Tarifverträge. Dies bezeichnet man als **Tarifautonomie** (autonom = selbständig, unabhängig). Die Regelung der Tarifverträge erfolgt in Tarifverhandlungen.

B. Die Tarifverträge

Wir unterscheiden grundsätzlich 2 Arten von Tarifverträgen – den **Manteltarifvertrag** und den **Lohn-** (und **Gehalts-**) **Tarifvertrag**.

Manteltarifvertrag	Lohntarifvertrag
– Regelung der allgemeinen Arbeitsbedingungen, – z.B. Urlaub, Arbeitszeit, Arbeitsschutz, Kündigung, – Laufzeit (= Dauer): meist 2 - 3 Jahre.	– Regelung der Höhe der Löhne und Gehälter, – Einteilung in Lohngruppen, Zulagen, – Laufzeit: meist 1 Jahr.

C. Die Tarifverhandlungen

Während der Dauer (= Laufzeit) eines Tarifvertrages besteht die **Friedenspflicht**. Dies bedeutet, daß die Sozialpartner den Arbeitsfrieden wahren müssen und es zu keinem **Streik** und zu keiner **Aussperrung** kommen darf. Das folgende Schema zeigt, wie ein neuer Tarifvertrag entsteht.

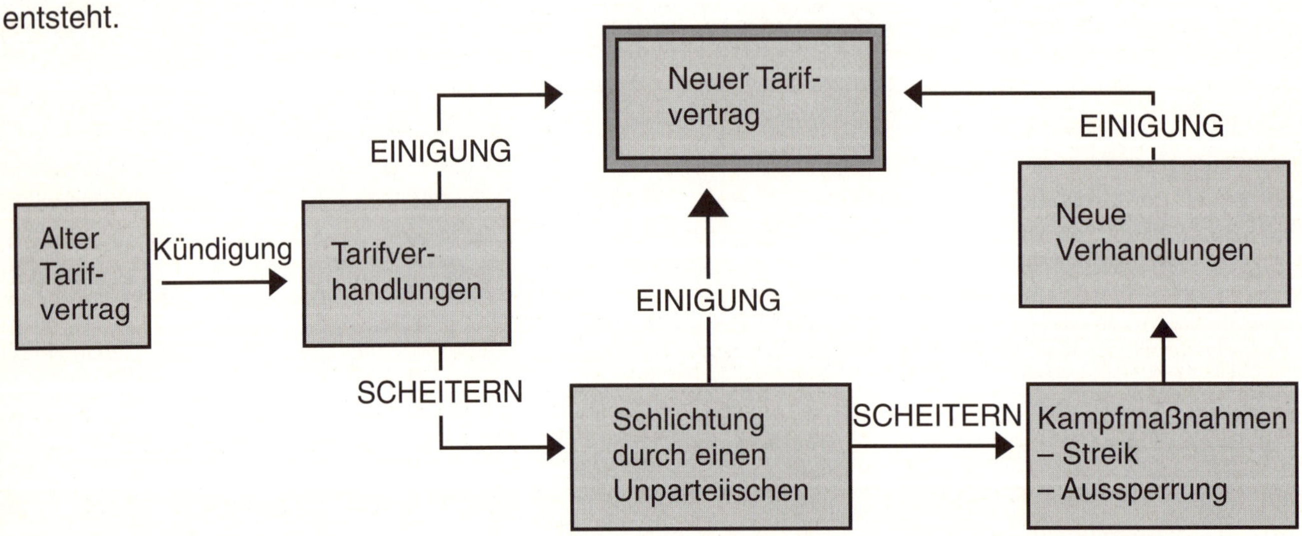

Ein Streik findet nur statt, wenn sich in einer *Urabstimmung* mindestens 75% der Gewerkschaftsmitglieder dafür aussprechen. Der Streik endet, wenn sich in einer neuen Abstimmung mindestens 25% für das Ende des Streiks aussprechen.

SWK 20-A	Tarifverträge und Tarifverhandlungen

A. Setze in die Textlücken die richtigen Worte ein!

Ein Einzelarbeitsvertrag bindet nur ____________________ an den Vertrag. Ein gemeinsamer (= ______________) Arbeitsvertrag bindet dagegen eine größere Personengruppe. Einen solchen Vertrag nennt man ______________. Vertragspartner eines solchen gemeinsamen Arbeitsvertrages sind die Tarifvertragsparteien (= ____________________) - dies sind die ____________________ und die Arbeitgeberverbände. Sie regeln gemeinsam und unabhängig von staatlicher Einflußnahme die Tarifverträge. Das bezeichnet man als ______________. Grundsätzlich unterscheiden wir zwei Arten von Tarifverträgen – den ____________________ und den ____________________. Während der Dauer (= ______________) eines Tarifvertrages besteht die ____________________, d.h. es darf weder gestreikt noch ausgesperrt werden.

B. Ergänze die folgende Sätze!

1. Ein Manteltarifvertrag regelt die ____.
2. Der Lohntarifvertrag regelt die ____.
3. Die Laufzeit eines Lohntarifvertrages beträgt zumeist ____________________.
4. Die Laufzeit eines Manteltarifvertrages beträgt in der Regel ______________.
5. Wenn die Schlichtung durch einen Unparteiischen scheitert, dann kommt es zu

   ____.
6. Wenn sich die Sozialpartner während der Tarifverhandlung einigen, dann kommt ein

   ____ zustande.
7. Zu einem Streik kommt es erst, wenn sich ____________________________ der Gewerkschaftsmitglieder dafür aussprechen.
8. Der Streik endet, wenn sich ____________________________________ der Gewerkschaftsmitglieder dafür aussprechen.

C. Erkläre mit eigenen Worten und in ganzen Sätzen!

1. Was versteht man unter der Friedenspflicht?

   ____

   ____

   ____

2. Welchen Vorteil bietet die Friedenspflicht für unsere Volkswirtschaft?

   ____

   ____

   ____

   ____

SWK 21-I	Die Sozialversicherungen

A. Wer zahlt?

Peter ist Azubi in einer großen Fensterfabrik. An einem Montag geschieht das Unglück. Als Peter dem Gabelstabler ausweichen will, rutscht er aus und fällt so unglücklich, daß er bewußtlos liegen bleibt. Mit dem Krankenwagen wird er in das nächstgelegene Krankenhaus gefahren. Dort stellen die Ärzte eine Gehirnerschütterung und zudem einen glatten Unterarmbruch fest. Die Kosten für Transport, Verpflegung im Krankenhaus, Heilbehandlung usw. belaufen sich insgesamt auf 4270 DM. Aber Peter muß nicht zahlen, denn er ist **pflichtversichert** in der **gesetzlichen Unfallversicherung**, die für diese Kosten und sogar für eine später evtl. erforderliche Unfallrente aufkommt.

B. Die einzelnen Sozialversicherungen

Die Versicherungen, die den Menschen vor sozialen Härten schützen sollen, nennt man **Sozialversicherungen**. Für fast alle Menschen besteht *Versicherungspflicht* bei den einzelnen Sozialversicherungen:

→ Die **Unfallversicherung** ist Pflicht für alle Arbeitnehmer, unabhängig von ihrem Einkommen.

→ Die **Krankenversicherung** ist Pflicht für Arbeiter und Angestellte bis zu einem bestimmten Einkommen.
Wer über dieser Grenze liegt, kann sich freiwillig versichern, ebenso Beamte und Selbständige.

→ Die **Rentenversicherung** ist Pflicht für Arbeiter und Angestellte bis zu einem bestimmten Einkommen. Wer nicht pflichtversichert ist, kann freiwillig beitreten.

→ Die **Arbeitslosenversicherung** ist Pflicht für alle Arbeitnehmer, nicht für Beamte. Die Einkommensgrenze ist die gleiche wie bei der Rentenversicherung.

Die Versicherungspflicht ist notwendig, um die Finanzierung zu sichern, damit bei Not allen geholfen werden kann. Die Einkommensgrenzen werden jährlich der allgemeinen Einkommensentwicklung angepaßt.

C. Beiträge und Leistungen

	UNFALLVERS.	KRANKENVERS.	RENTENVERS.	ARBEITS-LOSENVERS.
Wer zahlt wieviel?	Beitrag abhängig von Betriebsgröße u. Gefahren. 100% Arbeitg.	50% Arbeitnehmer 50% Arbeitgeber	50% Arbeitnehmer 50% Arbeitgeber	50% Arbeitnehmer 50% Arbeitgeber
Welche Leistung?	Hilfe bei Betriebsunfällen, Berufskrankheit, Unfallrente.	Arztkosten, Arzneien, Krankenhauskosten, Kuren, Krankengeld	Altersruhegeld, Berufsunfähigkeitsrente, Hinterbliebenenrente	Arbeitslosengeld, Arbeitslosenhilfe, Umschulung, Fortbildung
Versicherungsträger	Berufsgenossenschaften, Bund, Länder, Gemeinden	Krankenkassen, z. B.: AOK, DAK, BEK, KKH, Knappschaft	Versicherungsanstalten: LVA, BfA, Knappschaft	Bundesanstalt für Arbeit → Arbeitsämter

SWK 21-A	Die Sozialversicherungen

A. Setze in die Textlücken die richtigen Worte ein!

Die Sozialversicherungen sollen den einzelnen Menschen vor__________________schützen. Für fast alle Menschen besteht in Deutschland____________________________bei den einzelnen Sozialversicherungen. Die______________________________ist notwendig, um die__________________zu sichern, damit bei Not allen geholfen werden kann. Die Krankenversicherung ist Pflicht für alle__________________und__________________bis zu einem bestimmten Einkommen.

B. Beantworte die folgenden Fragen!

1. Wer ist Träger der Unfallversicherung?

____

2. Bei welchen Sozialversicherungen zahlt der Arbeitgeber 100% des Beitrages?

____

3. Wer ist Träger der Krankenversicherung?

____

4. Welche Leistungen erbringt die Arbeitslosenversicherung?

____

____

5. Welche Leistungen werden durch die Rentenversicherung erbracht?

____

____

6. Wer zahlt wieviel des Beitrages der Krankenversicherung?

____

C. Begründe deine Ansicht!

Karl F. glaubt, daß er sehr gewitzt ist, denn er arbeitet schwarz, d.h. er ist nicht ordentlich von seinem Arbeitgeber angemeldet. Dies ist gesetzwidrig. Neben den Steuern spart Karl noch die Beiträge zur Renten-, Arbeitslosen- und Krankenversicherung. Sein Chef spart außerdem die Unfallversicherung. So hat Karl F. einiges mehr an Geld.

Aber er sieht nicht die Gefahren. Siehst du sie? Versuche, mit eigenen Worten die Gefahren darzulegen!

____

____

____

____

____

SWK 22-I | Die Individualversicherungen

A. Eine zusätzliche Absicherung

Peter muß nach seinem *Arbeitsunfall* insgesamt 7 Tage im Krankenhaus bleiben. Sein Bettnachbar, der 2 Tage später eingeliefert wurde, lacht nur: „Insgesamt 15 Tage Krankenhaus, das macht 750 DM. Ich bin zwar nicht gerne hier, aber durch die *Krankenhaustagegeldversicherung* bin ich noch zusätzlich abgesichert. Für jeden Tag hier bekomme ich 50 DM und zahle monatlich 15 DM Beitrag!“

Die Krankenhaustagegeldversicherung gehört zu den privaten Versicherungen, die man auch **Individualversicherungen** nennt (Individuum = Einzelperson). Sie unterscheiden sich von den Sozialversicherungen dadurch, daß sie **keine** Pflichtversicherungen sind und weil der einzelne frei entscheiden kann, ob er sich versichert oder nicht. Auch kann der einzelne frei entscheiden, bei welchem Versicherungsunternehmen er den Vertrag abschließen will. Die **Individualversicherungen** ergänzen den Schutz der Sozialversicherungen und bieten zum Teil Schutz vor zusätzlichem Risiko und Gefahren.

Etwas besonderes ist die **KFZ-Haftpflichtversicherung**. Sie ist durch das Gesetz verpflichtend vorgeschrieben, wird aber bei privaten Versicherungsunternehmen abgeschlossen. Diese Versicherung ist eine gesetzliche Vorbedingung für das Führen eines Kraftfahrzeuges. Hierdurch soll verhindert werden, daß Personen schuldlos durch einen Autounfall geschädigt werden, ohne daß eine Versicherung einspringt.

B. Überblick über die Arten der Individualversicherungen

Personenversicherungen	**Sachversicherungen**
– Lebensversicherung, Schutz der Hinterbliebenen bzw. zusätzliche Rente. – Krankenhaustagegeldversicherung, zusätzlich finanzielle Absicherung.  – Private Unfall- und Krankenversicherung, zusätzlicher Schutz für nicht sozialversicherungspflichtige Personen.	– Feuerversicherung, Brandschäden am Haus. – Glasversicherung, Glasbruch (Fenster) am Haus. – Hausratversicherung, Schutz der Wohnungsgegenstände. – private Haftpflichtversicherung, Schadensersatz an Geschädigte (Kind zerkratzt Auto.....).

C. Welchen Versicherungsschutz benötige ich?

Bevor man eine private Versicherung abschließt, sollte man sich Zeit für ein paar Überlegungen nehmen:

→ Brauche ich zusätzlichen Schutz? Welche Risiken muß ich zusätzlich absichern und welche nicht?

→ Alle Risiken und Gefahren kann man nicht abdecken!

→ Es gibt viele Versicherungsunternehmen. Bei der Auswahl nehme ich mir Zeit und entscheide nach Leistungsumfang und Preis.

SWK 22-A | Die Individualversicherungen

A. Setze in die Textlücken die richtigen Worte ein!

Die privaten Versicherungen nennt man auch ______________________________. Sie unterscheiden sich von der Sozialversicherung dadurch, daß sie keine ________________________ sind. Der einzelne kann frei darüber entscheiden, ob er sich versichert und bei welchem ___________________________er den Versicherungs-________________________abschließt. Die Individualversicherungen ________________ den Schutz der Sozialversicherungen und bieten zum Teil Schutz vor zusätzlichen ____________________und_______________________. Die KFZ-Haftpflichtversicherung ist durch das Gesetz____________________vorgeschrieben. Sie wird aber bei ____________________ Versicherungsunternehmen abgeschlossen.

B. Beantworte!

Kreuze an, ob die folgenden Individualversicherungen eine Personenversicherung oder eine Sachversicherung sind.

	Personenversicherung	Sachversicherung
Lebensversicherung		
Feuerversicherung		
Krankenversicherung		
Diebstahlversicherung		
Hausratversicherung		

C. Hilf bei Peter´s Überlegungen!

Peter überlegt, ob sich die Krankenhaustagegeldversicherung seines Bettnachbarn im Krankenhaus lohnt.

1. Hilf ihm beim Rechnen.

Der Monatsbeitrag beträgt 15,- DM. Wie hoch ist der Jahresbeitrag? ______________

Wieviel sind das in 10 Jahren? ____

Der Bettnachbar erhält pro Tag 50,- DM von der Versicherung. Insgesamt muß er doch länger bleiben. Genau 18 Tage. Wieviel erhält er? ______________________________

2. Hilf Peter bei seinen Überlegungen.

Da Peter jünger als sein Bettnachbar ist, dürfte der monatliche Beitrag geringer sein. Aber lohnt sich die Versicherung?

Zeige Gründe auf, die für den Abschluß einer solchen Versicherung sprechen, und solche, die dagegen sprechen.

pro	contra

SWK 23-I	Jugendstrafrecht

Karl M. hat eine Dummheit gemacht. Er hat sich von „Freunden“ überreden lassen, in ein Sportlerheim einzubrechen und Zigaretten, Geld und Getränke zu stehlen. Dabei wurde er natürlich erwischt. Da er erst 15 Jahre alt ist, muß er sich nun vor dem **Jugendrichter** verantworten. Dieser verurteilt ihn dazu, 80 Arbeitsstunden in einem Altenpflegeheim abzuleisten. Wäre Karl schon erwachsen, so wäre das **Strafmaß** sicherlich deutlich höher ausgefallen. Dies gibt ihm der Jugendrichter unmißverständlich zu verstehen.

A. Warum ein Jugendstrafrecht?

Die rechtlichen Folgen einer **Straftat** können also unterschiedlich sein. Kinder (unter 14) gelten generell als **strafunmündig**. Das bei den Erwachsenen angewandte Strafmaß gilt nicht für Jugendliche (14 - 18). Für sie gilt ein spezielles **Jugendgerichtsgesetz**, das helfen soll, den jungen Menschen *zu erziehen* und *von einer kriminiellen Laufbahn abzuhalten*.

Selbst Straftäter, die zwischen 18 und 21 Jahren alt sind, können noch nach dem Jugendgerichtsgesetz verurteilt werden, wenn der Richter erkennt, daß sie zur Tatzeit die Reife/Entwicklung eines Jugendlichen besaßen.

B. Die einzelnen Maßnahmen

Um besser auf straffällig gewordene Jugendliche einzuwirken, kennt das Jugendgerichtsgesetz verschiedene Maßnahmen, die je nach Häufigkeit und Schwere der Tat angewandt werden.

Erziehungsmaßregeln	**Zuchtmittel**	**Jugendstrafe**
– Weisungen an den Jugendlichen. – Hilfen durch einen Erziehungsbeistand. – Fürsorgeerziehung.	– Verwarnung an den Jugendlichen. – Auferlegung besonderer Pflichten. – Jugendarrest: – Freizeitarrest am Wochenende, Kurzarrest bis 6 Tage, – Dauerarrest 1 - 4 Wochen.	– Strafzeit von 6 Monaten bis 5 Jahre. – Höchststrafe 10 Jahre bei schwersten Verbrechen (Mord).

Jugendstrafen werden nur verhängt, wenn die anderen Maßnahmen nicht ausreichen oder wenn die Tat so schwerwiegend ist, daß eine Strafe erforderlich erscheint.

C. Die Jugendgerichte

Über die Verfehlungen von Jugendlichen entscheiden spezielle Jugendgerichte. Verfahren gegen Jugendliche sind prinzipiell nicht öffentlich.

Jugendrichter	**Jugendschöffengericht**	**Jugendkammer**
Zuständigkeit für die leichteren Vergehen: – Erziehungsmaßregeln, – Zuchtmittel, – Jugendstrafen bis 1 Jahr.	Zuständigkeit für die Vergehen, die über den Bereich des Jugendrichters gehen und nicht zur Jugendkammer kommen.	Zuständigkeit für die schwersten Verbrechen.

SWK 23-A	Jugendstrafrecht

A. Setze in die Textlücken die richtigen Worte ein!

Die rechtlichen Folgen einer Straftat können unterschiedlich sein. Kinder gelten generell als________________________. Das Erwachsenen-Strafmaß gilt nicht für Jugendliche. Für Jugendliche gilt ein ganz spezielles________________________. Dies soll helfen, den jungen Menschen zu____________________und von einer kriminellen Laufbahn abzuhalten. Auch Straftäter, die 18 bis 21 Jahre alt sind, können nach dem Jugendstrafrecht verurteilt werden, wenn sie zu der Tatzeit die__________________________eines Jugendlichen besaßen. Das Jugendgerichtsgesetz kennt verschiedene Maßnahmen, die je nach____________________ und Schwere der Tat angewandt werden. Über die Verfehlungen von Jugendlichen entscheiden spezielle______________________. Die Verfahren gegen Jugendliche sind prinzipiell ______________________.

B. Beantworte die Fragen!

1. Kreuze an, welche der folgenden richterlichen Anordnungen eine Erziehungsmaßregel darstellt.

a) ☐ Fürsorgeerziehung

b) ☐ Dauerarrest für 3 Wochen

c) ☐ Kurzarrest für 4 Tage

d) ☐ 8 Monate Freiheitsentzug

e) ☐ Hilfe durch einen Erziehungsbeistand

2. Ergänze den Zuständigkeitsbereich der Jugendgerichte.

Der Jugendrichter ist zuständig für die____.

Das Jugendschöffengericht ist zuständig für Vergehen , die ____________________

____

____.

Die Jugendkammer ist zuständig für ____.

3. Wann erst werden Jugendstrafen verhängt?

Wenn ____

oder wenn____.

C. Versuche zu begründen!

Gerichtsverhandlungen sind normalerweise öffentlich, d.h. jeder Bürger kann bei einem Gerichtsverfahren zusehen, wie der Urteilspruch zustande kommt. Warum aber sind die Verfahren gegen Jungendliche nicht öffentlich?

____

____

____

____

SWK 24-I	Drogen

Man raucht, um zu zeigen, daß man erwachsen ist....

Man raucht, um zu imponieren.....

Man trinkt, um zu feiern.....

Man trinkt, um Hemmungen fallen zu lassen.....

Man trinkt.....

Man probiert.....

Man raucht, um Unsicherheiten zu überspielen.....

Man raucht.....

Man trinkt, um in Stimmung zu kommen.....

Man trinkt, um cool zu sein.....

Man probiert Haschisch, um in zu sein.....

A. Was sind Drogen?

Nicht nur **Heroin** oder **Kokain** sind **Drogen**, auch **Alkohol** und **Nikotin** werden zu den Drogen gerechnet. Ja, Alkohol und Nikotin fordern sogar **mehr** Todesopfer als Heroin.
Zu den Drogen rechnen wir alle Substanzen, die im Körper und Geist Veränderungen (Hochstimmung, Glücksgefühle...) hervorrufen und abhängig machen. Die Drogen können eine **körperliche und eine seelische Abhängigkeit** hervorrufen.
Eine seelische Abhängigkeit führt zu einem zwanghaften Drang, immer wieder zu den Drogen greifen zu müssen, um das gleiche „schöne" Gefühl zu haben. Körperliche Abhängigkeit führt zu Entzugserscheinungen. Der Körper reagiert beim Absetzen der Droge mit Erbrechen, Zittern, Nervosität bis hin zu Kreislaufversagen. Körperliche und seelische Abhängigkeit treten meist zusammen auf.
Wenn ein Mensch sich in diesem Kreislauf der Abhängigkeit befindet, sprechen wir von **Sucht**. Also ist auch ein Raucher süchtig, denn er steht unter dem Zwang, rauchen zu müssen. Hört er auf zu rauchen, reagiert sein Körper mit Entzugserscheinungen - er ist nervös, zittrig, gereizt,.....

B. Die wichtigsten Drogen

Die Alltagsdrogen

Hierzu zählen wir *Nikotin*, *Alkohol* und auch *Medikamente*. Jeder kann sehr leicht an diese Drogen kommen und der Übergang zu einer echten Sucht wird oft nicht bemerkt. Das Trinken und das Rauchen gehört zu unserem Alltag. Hierin liegt die eigentliche Gefahr - Alkohol und Nikotin werden verharmlost und es wird sogar noch dafür geworben.

Die illegalen Drogen

Dazu gehören *Haschisch*, *LSD*, *Opium*, *Heroin* und *Kokain*. Der Handel mit diesen Drogen ist strafbar. Vor allem Heroin und Kokain führen zu schwerer, lebensbedrohlicher Sucht - eine Hilfe ist nur sehr schwer möglich. Haschisch und LSD gelten als **Einstiegsdrogen** d.h. wer dies probiert, der greift später auch zu Heroin.

Die Folgen
Alle Drogen führen zur Sucht und zu Entzugserscheinungen. Vor allem Alkohol und die illegalen Drogen richten den Menschen zugrunde. Der Medikamentenmißbrauch ist ebenso gefährlich. Einsamkeit, Verzweiflung, Schmerzen und Wege in die Kriminalität sind die Regel. Der frühe Tod durch Überdosis, körperlicher Zerfall und Krankheit sind fast normal.

C. Welche Hilfen gibt es?

Die beste Hilfe ist zunächst einmal die **Aufklärung**, damit es erst gar nicht soweit kommt. Helfen müssen ansonsten in erster Linie die Freunde und die Familie. Sie müssen auf Anzeichen achten, die darauf hindeuten, daß ein Freund abhängig ist. Das kann sein: Reizbarkeit, Lügen, Leistungsverlust u.v.a. Wer dann Hilfe benötigt, wendet sich am besten schnell an eine **Drogenberatungsstelle**. Die Adressen sind im Telefonbuch zu finden und auch die Kirchen geben hier Auskunft und helfen.

SWK 24-A	Drogen

A. Setze in die Textlücken die richtigen Worte ein!

Nicht nur Heroin und Kokain sind Drogen, auch_______________und____________________ zählen dazu. Zu den Drogen rechnen wir alle Substanzen, die im Körper und Geist Veränderungen hervorrufen und__________________________machen. Die Drogen können eine_____________________Abhängigkeit und eine_____________________Abhängigkeit hervorrufen. ____________________Abhängigkeit führt zu Entzugserscheinungen wie Zittern, Erbrechen, Kreislaufversagen. _____________________Abhängigkeit führt zu dem Zwang, immer wieder zur Droge greifen zu müssen. Wenn sich ein Mensch in diesem Kreislauf von Abhängigkeiten befindet, so sprechen wir von Sucht.

B. Beantworte die folgenden Fragen!

1. Kreuze die Alltagsdrogen an.

a) ☐ Nikotin

b) ☐ Haschisch

c) ☐ Heroin

d) ☐ Alkohol

e) ☐ Kokain

f) ☐ LSD

2. Welche Kennzeichen *können* auf Drogenkonsum hindeuten?

a) ____

b) ____

c) ____

3. Wohin wendet man sich bei Problemen mit Drogen?

____

Wie finde ich diese Hilfe?

____

4. Weshalb ist Drogenkonsum so gefährlich? Nenne die schwersten Folgen.

____

____

____

____

C. Deine Meinung ist gefragt!

Sollte man die Werbung für Zigaretten gänzlich verbieten? Begründe deine Antwort!

____

____

____

____

SWK 25-I	Information in unserer Gesellschaft

A. Informationsmöglichkeiten

Wer sich heute über Politik, Sport, Auslandsgeschehen und vieles mehr **informieren** will, hat dazu mehrere Möglichkeiten. Über Zeitung, Rundfunk und Fernsehsendungen kann sich heute jeder schnell und umfassend informieren. Da sich diese **Informationsträger** an Millionen von Menschen wenden, bezeichnet man sie auch als **Massenmedien** (Medium = Mittel, Mittler). Die Massenmedien vermitteln ein Ereignis, eine Nachricht an die Leser, die Zuhörer oder die Zuschauer. Zu den Massenmedien zählt man außerdem noch: Filme, Bücher, Schallplatten, Tonkassetten, verschiedene Informationsdienste der Post und der Fernsehanstalten.

B. Der Weg einer Information

Eine Information durchläuft in der Regel mehrere Stationen, bis sie bei den Menschen ankommt. Das folgende Schaubild soll dies verdeutlichen:

EREIGNIS	gesehen / gemeldet →	**Reporter** vor Ort oder **Nachrichten-agenturen** (= Sammelstellen für Information)	berichten →	**Redaktion** einer Zeitung, des Fernsehens oder des Rundfunks	gestalten →	**Nachricht** = sachl. Bericht **Kommentar** Meinung über das Ereignis	→	MENSCHEN

Wichtig für die Menschen ist es, daß die Informationen 3 bedeutsame Bedingungen erfüllen müssen.

Informationen müssen sein:
→ sachlich (= objektiv), richtig und wahr,
→ vollständig, nichts verschweigen,
→ verständlich, für jeden verstehbar.

C. Was ist Manipulieren?

Immer wieder kommt es vor, daß versucht wird, Menschen in einer ganz bestimmten Richtung zu beeinflussen (= **manipulieren**). Man spricht von **Manipulation**, wenn versucht wird, die Meinung und das Verhalten des Menschen zielgerecht zu verändern. Man will die Menschen bevormunden. Möglichkeiten der Manipulation sind:

→ äußere Gestaltung, Art und Größe der Veröffentlichung,
→ Weglassen von wichtigen Informationsteilen,
→ Hervorheben von nebensächlichen Informationen,
→ bewußtes Verfälschen einer Information.

Der einzelne kann sich dagegen wehren:
→ Verschiedene Informationsquellen nutzen und vergleichen.
→ Genaues und kritisches Lesen, Zuhören, Zuschauen.

D. Information ist das Salz in der Suppe einer Demokratie.

→ Die Massenmedien dienen der politischen **Information**. Nur wer gut informiert ist, kann nicht manipuliert werden.
→ Die Massenmedien beteiligen sich an der politischen **Willensbildung**. Der Bürger bildet sich eine Meinung.
→ Die Massenmedien üben **Kontrolle** über Politik und Macht aus.

SWK 25-A	Information in unserer Gesellschaft

A. Setze in die Textlücken die richtigen Worte ein!

Jeder kann sich heute über Zeitungen,____________________ und Fernsehsendungen schnell und umfassend informieren. Da sich diese Informationsträger an Millionen von Menschen wenden, bezeichnet man sie auch als________________. Sie vermitteln ein Ereignis, eine Nachricht an die Leser, Zuhörer oder Zuschauer. Eine Information durchläuft mehrere__________________, bis sie bei den Menschen ankommt. Die Informationen sollten drei bedeutsame Bedingungen erfüllen – sie sollten________________und ________________ und auch__________________ sein.

B. Beantworte die folgenden Fragen!

1. Ergänze: Eine Nachricht ist ein ____.

Ein Kommentar ist eine____.

2. Nenne die 4 wichtigsten Möglichkeiten der Manipulation.

a) ____.

b) ____.

c) ____.

d) ____.

3. Welche Möglichkeiten hat der einzelne, um sich gegen Manipulationen zu schützen? Kreuze die 2 richtigen Antworten an.

a) ☐ Nur ein Massenblatt lesen.

b) ☐ Verschiedene Informationsquellen nutzen.

c) ☐ Sich nur über das Fernsehen informieren.

d) ☐ Genaues und kritisches Lesen, Zuhören und Zuschauen.

e) ☐ Eine gute Zeitschrift aussuchen und sich darauf verlassen.

4. Ergänze: Die Massenmedien dienen der ______________________________.

Die Massenmedien beteiligen sich an der politischen ______________________________.

Die Massenmedien üben____aus.

C. Nenne mit eigenen Worten die Vorteile und auch die Nachteile einer Information.

	Information über das Fernsehen	Information über die Zeitung	Information über Werbung
Vorteile			
Nachteile			

SWK 26-I	Umweltgefährdung und Umweltschutz

A. Wir gefährden uns selbst.

Wir produzieren jährlich riesige Mengen an **Hausmüll**. Die Abgabe von **Schadstoffen** an die Luft wächst eher, als daß sie abnimmt. Wir überdüngen unsere Felder, verseuchen unsere Flüsse und Meere mit unseren **Abwässern**.
Die Folgen lassen nicht auf sich warten. Die Zahl der Hautkrebserkrankungen nimmt ständig zu. In den Flüssen leben keine Fische mehr. Das Trinkwasser wird knapp. **Smog-Alarm** ist fast schon normal. Wir Menschen schädigen die Umwelt und merken nicht, daß wir uns selbst gefährden.

B. Die schlimmsten Gefahren

Art	Ursache	Wirkung/Folgen
Abgase	Abgase aus Industrie, Hausbrand, Verkehr (Stickoxide, FCKW´s)	Smog-Gefahr, Waldsterben, Ozonloch, Hauterkrankungen, Erkrankungen der Lunge.
Abwasser	Häusliche Abwässer, Industrieabwässer.	Gefährdung der Trinkwasserversorgung, Absterben tierischen und pflanzlichen Lebens.
Abfall	Hausmüll, Sperrmüll, Klärschlamm, Industrieabfälle.	Gefährdung des Grundwassers, Geruchsbelästigung, Krankheitserreger.
Chemikalien	Pflanzenschutzmittel, Kunstdünger, Arzneimittel, Farben.	Rückstände in Nahrungsmitteln, Vergiftung von Luft, Wasser und Boden, Mutationen.

C. Was können wir tun?

Ein Indianerhäuptling hat vor 100 Jahren gesagt: „... die Erde gehört nicht dem Menschen, der Mensch gehört der Erde..."
Wir sind ein Teil unserer Umwelt, und wenn wir unsere Umwelt zerstören, so richten wir uns selbst zugrunde. Wir sind **Verursacher** *und* **Betroffene**.
Jeder einzelne ist gefordert, Lösungen zu suchen und Umweltgefährdungen zu vermeiden.

Was unsere **Gesellschaft** und wir alle tun können:
→ Filteranlagen, Entschwefelungsanlagen bauen.
→ Saubere Autos bauen und auch kaufen.
→ Wiederverwertung von Rohstoffen (= *Recycling*).
→ Verringerung der Verpackung.
→ Verzicht auf Chemikalien und Pflanzenschutzmittel.
→ Natürliche Düngung.
→ Strengere Bestrafung von Umweltverbrechen.
→ Förderung der Umweltschutz-Forschung.

Was der **einzelne** jetzt schon tun kann :
→ Kauf umweltfreundlicher Produkte (Pfandflaschen, giftfreie Farben...).
→ Getrenntes Sammeln von Müll; Kompostieren.
→ Fahrgemeinschaften bilden, unnötige Fahrten vermeiden.
→ Müll vermeiden, wo es nur geht.

Etwas muß Geltung haben:	Wer eine Umweltverschmutzung verursacht, muß auch für die Kosten aufkommen (= Verursacherprinzip).

SWK 26-A	Umweltgefährdung und Umweltschutz

A. Setze in die Textlücken die richtigen Worte ein!

Wir produzieren jährlich viele Millionen Tonnen Müll. Wir verpesten die Luft. Wir ____________________ unsere Felder, verseuchen unsere ______________________ und ________________________ mit unseren Abwässern. Die Folgen sind jetzt schon gravierend. Erkrankungen nehmen zu, Fische sterben in Flüssen und Meeren.
Das ________________________ wird knapp. Wir Menschen schädigen die ______________________ und merken nicht, daß wir ____________________ gefährden. Die Erde gehört nicht den Menschen, der Mensch gehört zur Erde. Wir sind ______________________ und ____________________________.
Wir alle sind und jeder einzelne ist aufgefordert, Umweltgefährdungen zu vermeiden.

B. Beantworte folgende Fragen in Stichworten!

1. Welche Folgen kann eine zunehmende Anwendung von Pflanzenschutzmitteln in der Landwirtschaft haben? ____

2. Nenne Ursachen für die Gefährdung der Trinkwasserversorgung: ________________________________

3. Welche Folgen kann es haben, wenn eine Familie ihre alten Arzneimittel zum Hausmüll gibt? ____

4. Was ist dafür verantwortlich, daß das tierische und pflanzliche Leben in unseren Flüssen stirbt? ____

5. Der Autoverkehr nimmt weiter zu. Trotz Katalysatoren ist die Abgasbelastung sehr hoch. Welche Folgen hat das? ____

6. Was bedeutet Recycling? ____

C. Schreibe mindestens 4 Wege auf, wie Staat und Industrie unserer Umwelt helfen können!

____

____

____

____

D. Versuche, deine Familie zu überzeugen, daß es wichtig ist, nur Pfandflaschen zu kaufen und keine Getränke in Dosen, Einwegflaschen und Tüten!

____

____

____

____

SWK 27-I Wir leben in einer Demokratie

A. Was macht Politik?

Solange es Menschen gibt, haben sie versucht, ihr Zusammenleben zu ordnen. Die Politik hat die Aufgabe übernommen:

- Das staatliche Zusammenleben zu gestalten.
- Ordnungsregeln (Gesetze) für alle aufzustellen.
- Konflikte in der Gesellschaft zu lösen.
- Interessen durchzusetzen.

Voraussetzung hierfür ist Macht. Diese Macht kann aber **demokratisch** *oder* **diktatorisch** ausgeübt werden.

B. Die Herrschaft des Volkes

In einer Demokratie geht die **Herrschaft** (**Macht**) vom Volke aus und die **Machtausübung** ist an Grenzen/Gesetze gebunden.

1. Die Macht ist geteilt. Wir sprechen von **Gewaltenteilung!**

Legislative	=	Gesetzgebende Gewalt	– die Parlamente
Exekutive	=	Ausführende Gewalt	– die Regierungen, Behörden
Judikative	=	Richterliche Gewalt	– die Gerichte

2. Die Macht ist an **Grundrechte**, auch **Menschenrechte** genannt, gebunden
   - Die Würde des Menschen ist unantastbar.
   - Freiheit und Gleichheit der Person werden garantiert.
   - Freie Meinungsäußerung und Pressefreiheit sind unverzichtbar.
   - Glaubens- und Gewissensfreiheit.
   - u.v.a.

3. Die Machtausübung ist **zeitlich begrenzt**. Es finden regelmäßig **Wahlen** statt, die an bestimmte Grundsätze gebunden sind.

allgemein	=	Das Wahlrecht steht allen Bürgern zu.
unmittelbar	=	Die Wahl erfolgt direkt, ohne Zwischeninstanz.
frei	=	Wahlen müssen ohne Druck oder Zwang ablaufen.
gleich	=	Jede Stimme zählt gleich, ob arm oder reich.
geheim	=	Die Wahlentscheidung des einzelnen bleibt unbekannt.

Mehrere Parteien stellen sich dem Bürger, so daß dieser zwischen verschiedenen Meinungen und Zielen auswählen kann.

C. Diktaturen

Es gibt staatliche Gemeinschaften, in denen die Herrschaft nicht vom Volke ausgeht und die Macht in den Händen **eines Mannes** oder **einer Führungsclique** liegt. Wir sprechen dann von einer **Diktatur**. Viele Deutsche lebten bis vor kurzer Zeit noch in einer solchen Diktatur. Kennzeichen einer Diktatur sind:

- Mißachtung der Grundrechte.
- Keine demokratischen Wahlen.
- Konzentration der Macht auf eine Person oder Partei.

Dies kann in Diktaturen so weit gehen, daß Menschen, die nur ihre Meinung äußern wollen, verfolgt, gefoltert, ja sogar getötet werden.

SWK 27-A	Wir leben in einer Demokratie

A. Setze in die Textlücken die richtigen Worte ein!

Mit Politik will man bestimmte, vorher festgelegte Interessen durchsetzten. Außerdem aber soll durch die Politik das ____________________ gestaltet und ____________________ sollen gelöst werden. Eine weitere wichtige Aufgabe ist es, für alle Bürger ____________________ aufzustellen. Voraussetzung hierfür ist ____________________. In einer Demokratie geht die Herrschaft vom ____________________ aus und die Machtausübung ist an ____________________ gebunden.

B. Beantworte!

1. Nenne die deutschen Ausdrücke für die 3 Gewalten und gib ein Beispiel für jede der 3 Gewalten:

a) Legislative: ____________________

b) Exekutive: ____________________

c) Judikative: ____________________

2. Ordne den folgenden Aussagen die entsprechenden Wahlgrundsätze zu:

a) Das Wahlrecht steht allen Bürgern zu: ____________________

b) Die Wahl erfolgt direkt: ____________________

c) Wahlen müssen ohne Druck ablaufen: ____________________

d) Jede Stimme zählt gleich: ____________________

C. Begründe deine Meinung!

Gegen welche Grundrechte wird in den folgenden Beispielen verstoßen?

1. Ein 20 jähriger Mann sagte im Betrieb, daß die Regierung nichts tauge und keine guten Leistungen bringe. Daraufhin mußte er zur Polizei und wurde verhört. Anschließend wurde er zu 3 Monaten Gefängnis verurteilt.

____

2. Da Männer in der Regel die Alleinverdiener in der Familie sind, sollen Frauen in gleichen Berufen nur noch 80% des Lohnes erhalten.

____

SWK 28-I	Die Bundesländer der Bundesrepublik Deutschland

A. Bundesrepublik Deutschland

Die Bundesrepublik Deutschland ist ein **Bundesstaat** mit 16 Bundesländern. Jeder einzelne von uns ist nicht nur Bürger der Bundesrepublik, sondern auch Bürger eines Bundeslandes.

Bundesland	Einw. (Mio)	Hauptstadt	Stimmen im Bundesrat
Nordrhein-Westfalen	16,99	Düsseldorf	6
Bayern	11,15	München	6
Baden-Württemberg	9,54	Stuttgart	6
Niedersachsen	7,23	Hannover	6
Hessen	5,62	Wiesbaden	4
Sachsen	4,84	Dresden	4
Rheinland-Pfalz	3,68	Mainz	4
Berlin	3,38	Berlin	4
Sachsen-Anhalt	2,92	Magdeburg	4
Thüringen	2,65	Erfurt	4
Brandenburg	2,61	Potsdam	4
Schleswig-Holstein	2,57	Kiel	4
Mecklenburg-Vorpommern	1,95	Schwerin	3
Hamburg	1,61	Hamburg	3
Saarland	1,05	Saarbrücken	3
Bremen	0,67	Bremen	3

(Stand: 1991)

B. Der Bundesstaat

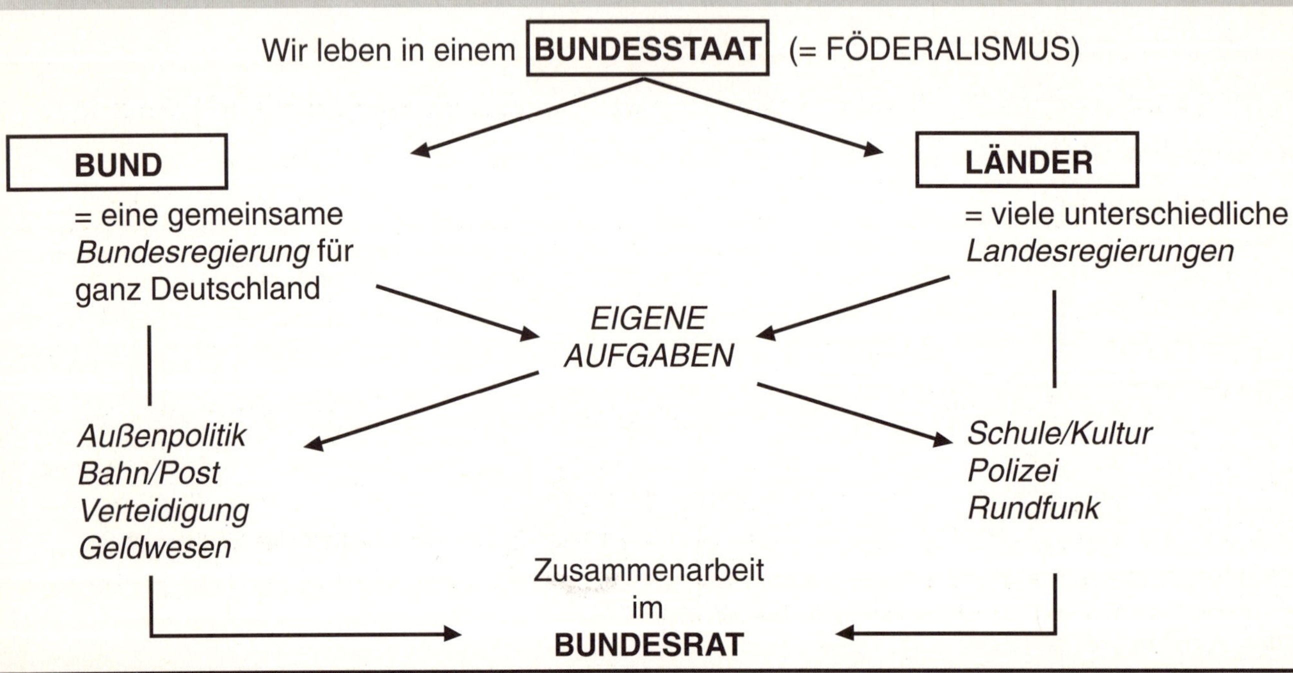

C. Der Bundesrat

- Die **Länderregierungen** bestimmen die Mitglieder des Bundesrates; die Stimmen richten sich nach der Einwohnerzahl.
- Der **Bundesrat** wirkt bei der Gesetzgebung des Bundes und seiner Verwaltung mit – so haben auch die einzelnen Länder Einfluß auf die Beschlüsse, die ganz Deutschland betreffen.

SWK 28-A	Die Bundesländer der Bundesrepublik Deutschland

A. Bestimme auf der Landkarte die einzelnen Bundesländer und ordne sie den entsprechenden Zahlen zu!

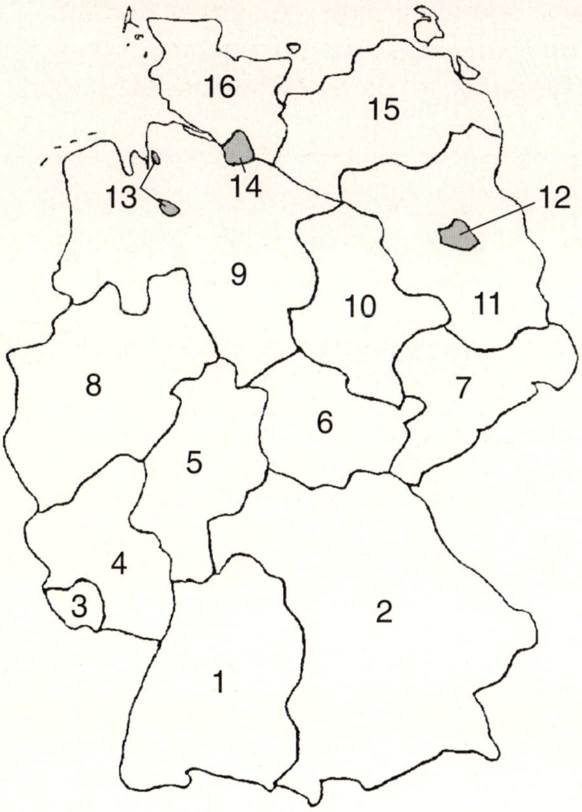

1	
2	
3	
4	
5	
6	
7	
8	
9	
10	
11	
12	
13	
14	
15	
16	

B. Beantworte!

1. Errechne anhand der Information die Zahl der Mitglieder im Bundesrat!

Der Bundesrat hat_________Mitglieder!

2. Die Länder und der Bund haben eigene Aufgaben. Kreuze an, wer für welchen Bereich zuständig ist!

Aufgabe/Bereich:	Polizei	Schule	Bundeswehr	Post	Kultur	Geldwesen
Bund	☐	☐	☐	☐	☐	☐
Länder	☐	☐	☐	☐	☐	☐

C. Begründe!

Kurz vor Ostern wurde die Sparkasse in Serrig (Rheinland-Pfalz) überfallen. Der Bankräuber entkam mit 174.000 DM. Die rheinland-pfälzische Polizei übernahm sofort die Verfolgung. Doch mit seinem Wagen flüchtete der Bankräuber über die B - 268 ins Saarland. Dort übernahm die saarländische Polizei die Fahndung.

Warum lösten die saarländischen Polizisten ihre Kollegen ab?

____

____

____

____

SWK 29-I	Das Regierungssystem der Bundesrepublik Deutschland

A. Der Aufbau

Wie wir bereits wissen, heißt Demokratie **„Herrschaft des Volkes“**. Wegen der großen Bevölkerungszahl kann die Herrschaft von den Bürgern nicht mehr direkt ausgeübt werden. Wir wählen Vertreter (= **Repräsentanten**), die Politik im Namen des Volkes machen. Alle Vertreter, d.h. unsere **Abgeordneten**, sind an die **Verfassung**, an unser **Grundgesetz** gebunden.

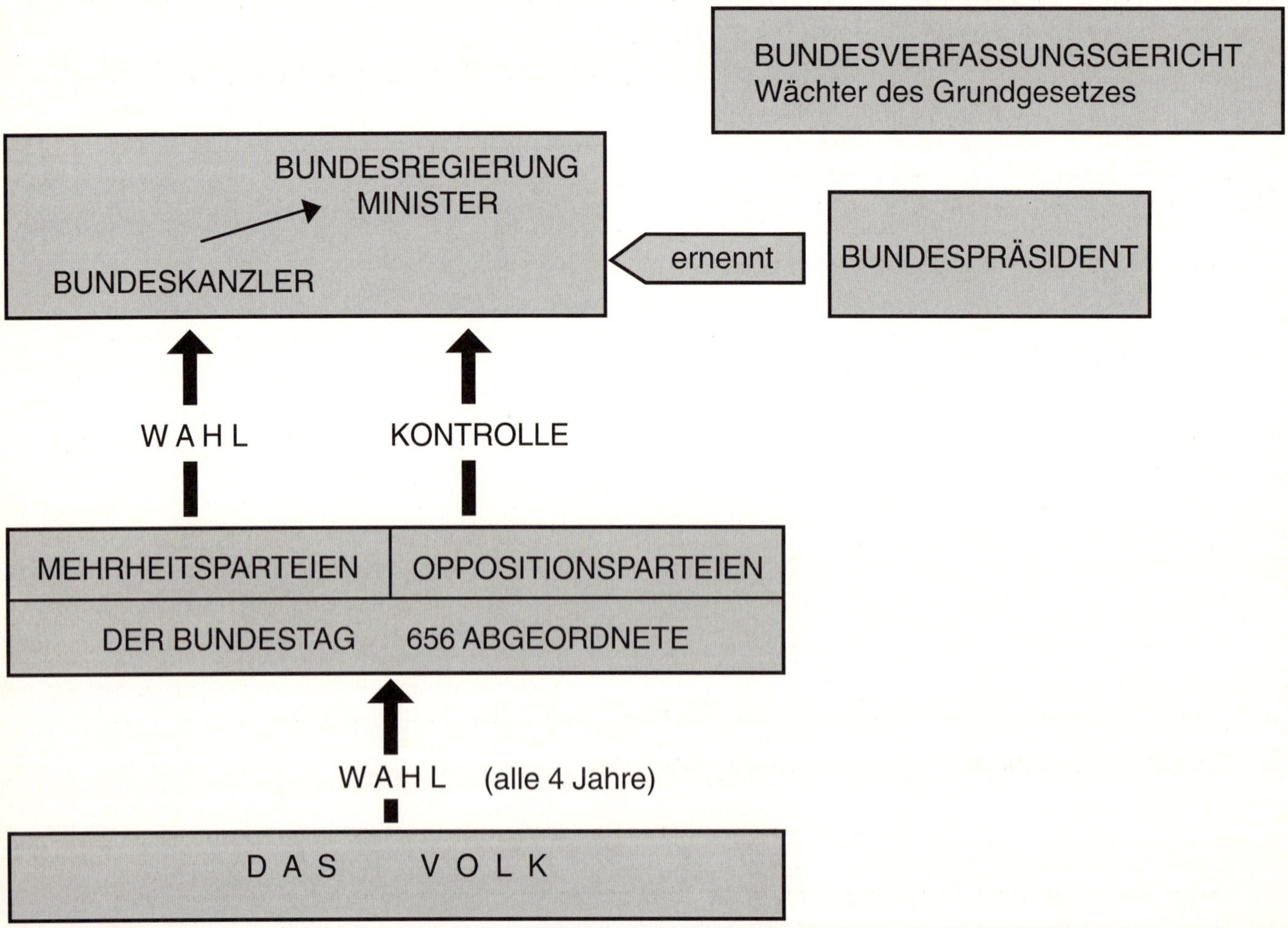

B. Der Bundestag

Die wahlberechtigte Bevölkerung bestimmt in Wahlen die Zusammensetzung des **Deutschen Bundestages**. Der Bundestag hat von daher sehr wichtige Aufgaben.

- Wahl des Bundeskanzlers.
- Gesetzesvorlagen einbringen und Gesetze beschließen (= *verabschieden*).
- Bundeshaushalt (= Haushaltskasse Deutschlands) beschließen.
- Kontrolle der Regierung, vor allem durch die Opposition.
- Diskussion der wichtigen öffentlichen Angelegenheiten (Umwelt, Wehrdienst,...).
- Mitwirkung bei der Wahl des Bundespräsidenten und der Verfassungsrichter.

C. Die Bundesregierung

Der Bundeskanzler und die von ihm bestellte Regierung bestimmen für 4 Jahre die Richtlinien der deutschen Politik.

- Die Bundesregierung besteht aus dem Bundeskanzler und seinen Ministern.
- Der Bundeskanzler wird vom Bundestag mit der Mehrheit der Stimmen gewählt.
- Der Bundeskanzler bestellt die Minister. Die gesamte Regierung wird vom Bundespräsidenten ernannt.

SWK 29-A	Das Regierungssystem der Bundesrepublik Deutschland

A. Setze in die Textlücken die richtigen Worte ein!

Demokratie heißt_______________des_______________. Die wahlberechtigte Bevölkerung wählt Repräsentanten (=____________________), die Politik im Namen des Volkes machen. Der Bundestag wird alle__________________________Jahre gewählt und besteht aus _________ Abgeordneten. Der Bundeskanzler wird vom____________________ gewählt. Der Bundeskanzler und die Bundesminister werden vom____________________ ernannt. Das Bundesverfassungsgericht nennt man auch____________________ des____________________. Eine sehr wichtige Aufgabe der Oppositionsparteien ist die __________________der Bundesregierung.

B. Beantworte die folgenden Fragen!

1. Bei welchen beiden Wahlen wirkt der Bundestag mit?

a) ____

b) ____

2. In den Nachrichtensendungen ist sehr oft die Rede davon, daß ein Gesetz verabschiedet wurde. Was ist damit gemeint?

____

____

3. Wie nennt man auch noch den Bundeshaushalt?

____

Weshalb kann man diese Bezeichnung wählen?

____

____

4. Wer bestimmt die Bundesminister?

____

5. An was sind alle Abgeordneten, Minister und auch der Bundeskanzler gebunden?

____

C. Begründe deine Meinung!

Das Bundesverfassungsgericht ist der Wächter unseres Grundgesetzes. Es kann daher auch Gesetze für ungültig erklären, wenn sie gegen das Grundgesetz verstoßen.
Welchen schwerwiegenden Nachteil hätte es daher, wenn die Bundesverfassungsrichter vom Bundeskanzler bestimmt würden?

____

____

____

____

____

SWK 30-I	Wahlen sind wichtig!

A. Die Bedeutung der Wahlen und Wahlvoraussetzungen

Freie und geheime Wahlen sind der Dreh- und Angelpunkt unserer Demokratie. Mit den Wahlen entscheiden wir darüber, wer uns regiert. Wir können zwischen verschiedenen Bewerbern (= **Kandidaten**) und Parteien wählen.

Wahlberechtigte Bürger → wählen → PARTEIEN stellen KANDIDATEN auf → übernehmen → Politische Führung

Wer wählen will, muß bestimmte Voraussetzungen erfüllen z.B.
- Mindestalter von 18 Jahren.
- Deutsche Staatsangehörigkeit.
- Bürgerliche Ehrenrechte.

Außerdem unterscheidet man ein **aktives Wahlrecht** (= Ich wähle) und ein **passives Wahlrecht** (= Ich werde gewählt). Für beide gilt das Mindestalter von 18 Jahren.

Und es gelten natürlich die **5 Wahlgrundsätze**: allgemein, unmittelbar, frei, gleich, geheim. (vgl.: SWK 27- I)

B. Die verschiedenen Wahlen

Der wahlberechtigte Bürger kann seine Stimme bei 3 verschiedenen Wahlen abgeben und über die Zukunft Deutschlands, seines Bundeslandes und seiner Gemeinde mitbestimmen. Wir unterscheiden zwischen:

- **Bundestagswahlen**
- **Landtagswahlen**
- **Kommunalwahlen**

BUNDESTAGS-WAHLEN	→	BUNDESTAG	→	BUNDESKANZLER
LANDTAGS-WAHLEN	→	LANDTAG (Bürgerschaft, Abgeordnetenhaus*)	→	MINISTERPRÄSIDENT (Bürgermeister)*
KOMMUNAL-WAHLEN	→	KREISTAG	→	LANDRAT*
	→	GEMEINDERAT	→	BÜRGERMEISTER*

Jeder Bürger bestimmt bei den Wahlen mit seiner Stimme, wie unser Gemeinschaftsleben gestaltet ist. Deshalb ist es wichtig, daß

- möglichst viele Menschen wählen gehen,
- die Bürger sich über die Ziele der Parteien und Kandidaten informieren.

* Bürgerschaft in Hamburg, Bremen; Abgeordnetenhaus in Berlin.
Berlin, Bremen und Hamburg haben anstelle des Ministerpräsidenten einen Bürgermeister.
* Auf die Besonderheiten der einzelnen Länder achten.

SWK 30-A	Wahlen sind wichtig!

A. Setze in die Textlücken die richtigen Worte ein!

Mit den Wahlen entscheiden wir darüber, wer uns________________. Wir können zwischen verschiedenen__________________und__________________wählen. Ich darf in Deutschland wählen, wenn ich____________________Jahre alt bin, die___________________________ Staatsangehörigkeit habe und die_____________________Ehrenrechte habe.

B. Beantworte!

1. Wir unterscheiden zwischen _________________- wahlen

_________________- wahlen

_________________- wahlen

2. Bei den Kommunalwahlen wird der ___________________und der _________________ gewählt.

3. Der Bundestag wählt den ________________________.

4. Der Landtag wählt den ________________________.*

5. Der Gemeinderat wählt den ________________________.*

6. Nenne die 5 Wahlgrundsätze:

____

____

* auf die Besonderheiten der einzelnen Länder achten.

C. Versuche, mit eigenen Worten zu erklären!

1. Das aktive Wahlrecht bedeutet,____

____

____

2. Das passive Wahlrecht bedeutet, ____

____

____

3. Wahlen sind wichtig, weil ____

____

____

SWK 31-I	Unsere Wirtschaft

A. Was bedeutet „Wirtschaften“ ?

1. Seit es Menschen gibt, haben sie auch *Bedürfnisse*. Sie haben Bedürfnisse, die der Sicherung ihres Lebens dienen – nach Nahrung, Kleidung und Wohnung. Wir sprechen von **Existenzbedürfnissen**. Aber auch **Luxusbedürfnisse** (= Schmuck, Kosmetik, Genußmittel...), **Kulturbedürfnisse** (= Theater, Bildung,...) und **individuelle Bedürfnisse** des einzelnen Menschen wollen befriedigt werden. Alle Bedürfnisse zusammen ergeben den **Bedarf**. Die Bedarfsdeckung erfolgt durch das **Wirtschaften**. Unter Wirtschaften verstehen wir all das, was der Versorgung und Bedarfsdeckung des Menschen mit Gütern und Dienstleistungen dient.
2. Bei der **Produktion** von Gütern und Dienstleistungen sind die verschiedensten Bereiche beteiligt. Wir sprechen von **Produktionsfaktoren** (= maßgebliche Elemente bei der Herstellung):

NATUR	**ARBEIT**	**KAPITAL**	**TECHNISCHER FORTSCHRITT/BILDUNG**
– Boden – Luft – Wasser	– körperliche/ geistige Arbeit	– Geld – Maschinen	– technisches Wissen – Produktionsverfahren

Je nach Art der Ware, die hergestellt wird, sind **alle** Produktionsfaktoren in **unterschiedlicher** Art und Weise beteiligt. So werden bei der Produktion von Brot die Produktionsfaktoren Natur und Arbeit benötigt; bei der Herstellung von Computern vor allem die Produktionsfaktoren Kapital und technischer Fortschritt.

B. Angebot und Nachfrage

Wer Güter haben will, muß diese bezahlen. Das bedeutet, daß die **Verteilung** der Güter und Dienstleistungen über den **Preis** geschieht. Der Preis für eine Ware wiederum wird durch **Angebot** und **Nachfrage** geregelt. Das Zusammentreffen von Angebot und Nachfrage in Bezug auf bestimmte Güter bezeichnen wir als **Markt** (z.B. Wochenmarkt, Arbeitsmarkt, Wohnungsmarkt,...). Daher auch die Bezeichnung **Marktwirtschaft**. Und da unser Staat bereit ist, bei sozialen Härten Hilfe zu leisten (Wohngeld, Kindergeld,.....), damit die Existenzbedürfnisse bezahlt werden können, bezeichnen wir unser Wirtschaftssystem als **„SOZIALE MARKTWIRTSCHAFT“.**

C. Unser Wirtschaftskreislauf

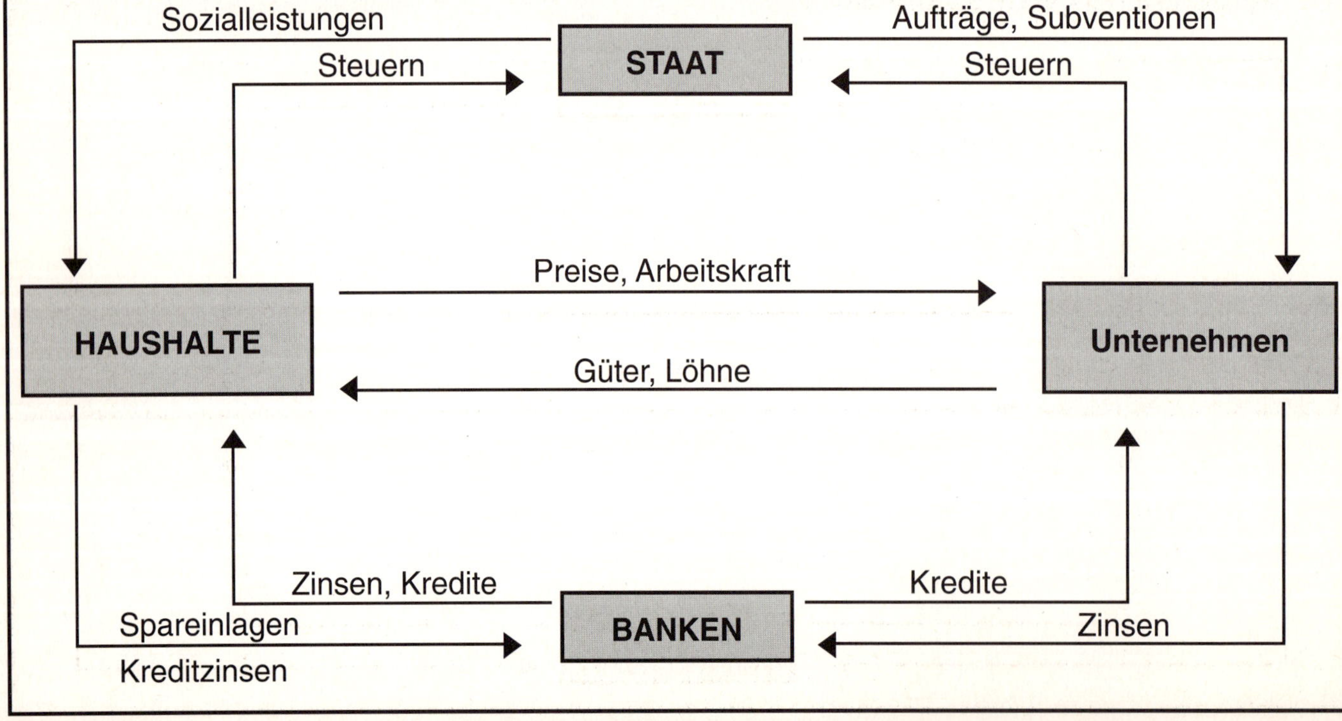

SWK 31-A	Unsere Wirtschaft

A. Setze in die Textlücken die richtigen Worte ein!

Seit es Menschen gibt, haben die Menschen auch_________________. Die Bedarfsdeckung erfolgt durch das___________________. Unter Wirtschaften verstehen wir all das, was der_____________________und der___________________________des Menschen mit Gütern und ___________________________dient.
Bei der Herstellung von Gütern sind 4___________________________ je nach der Art der Ware unterschiedlich beteiligt. Wer Güter haben will, muß diese bezahlen. Der Preis für eine Ware wird durch__________________und___________________geregelt. Unser Wirtschaftssystem bezeichnen wir als______________ _________________.

B. Beantworte!

1. Unter Markt versteht man das Zusammentreffen von __________________________ und______________________in Bezug auf ________________________________.

2. Nenne die 4 Produktionsfaktoren

a) ____________________________________

b) ____________________________________

c) ____________________________________

d) ____________________________________

3. Nenne mindestens 3 Möglichkeiten, wie die Bedürfnisse des Menschen unterteilt werden können!

a) ____________________________________

b) ____________________________________

c) ____________________________________

C. Vervollständige das Schaubild!

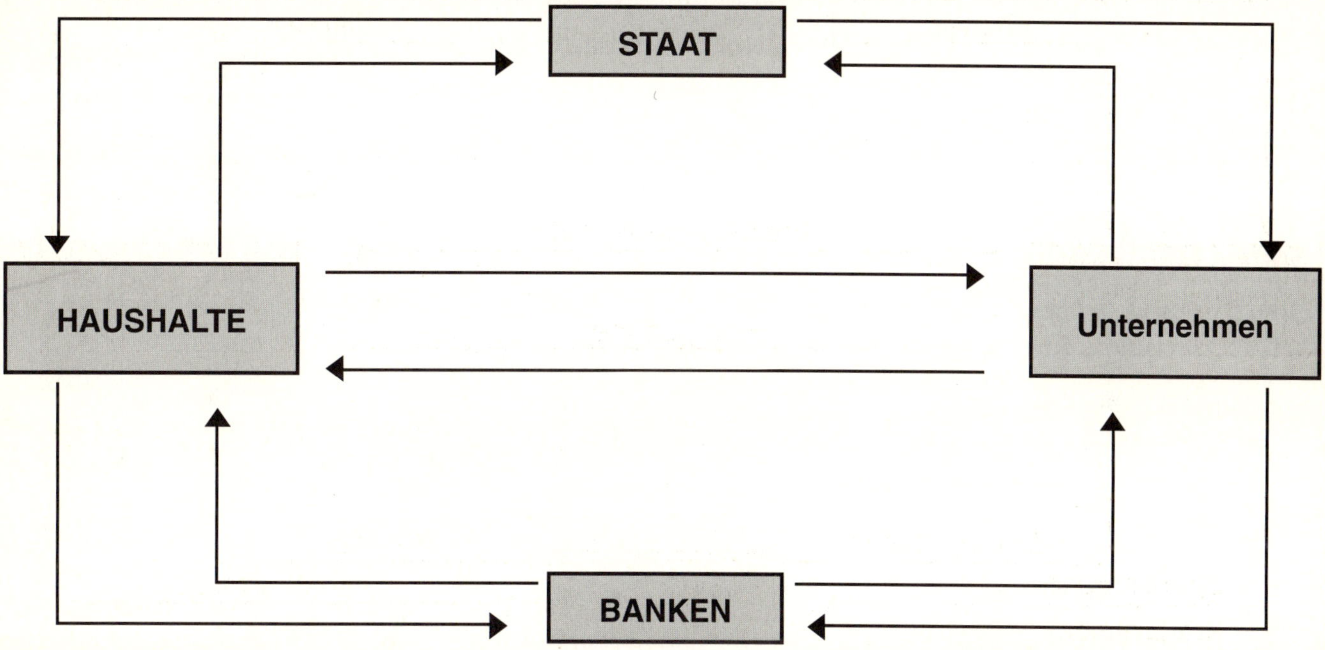

Fachbegriffe zur Sozial- und Wirtschaftskunde

BDA:	Bundesvereinigung der Deutschen Arbeitgeberverbände	SWK 19
Buchgeld:	Geldguthaben auf einem Bankkonto	SWK 08
Bürgschaft:	Ein Bürge zahlt für den Schuldner, wenn dieser zahlungsunfähig ist	SWK 12
Bruttolohn:	Gesamtlohn ohne Abzüge	SWK 11
CGB:	Christlicher Gewerkschaftsbund	SWK 19
DAG:	Deutsche Angestelltengewerkschaft	SWK 19
DBB:	Deutscher Beamtenbund	SWK 19
DGB:	Deutscher Gewerkschaftsbund	SWK 19
Duales System:	Berufsausbildung in Berufsschule und Ausbildungsbetrieb	SWK 16
Exekutive:	Ausführende Gewalt	SWK 27
Formelle Gruppe:	Geplante Gruppe	SWK 01
Geldsurrogate:	Geldersatz, z.B. Scheck	SWK 08 und 09
Geschäftsfähigkeit:	Der Mensch kann seine Rechtsgeschäfte selbständig und verantwortlich abschließen	SWK 13
Grundgesetz:	Verfassung der Bundesrepublik Deutschland	SWK 29
Grundrechte:	Menschenrechte, im Grundgesetz verankert	SWK 27
Informelle Gruppe:	Zufällig entstandene Gruppe	SWK 01
Judikative:	Richterliche Gewalt	SWK 27
Kredit:	Darlehen, Leihen von Geld gegen Zinszahlung	SWK 12
Legislative:	Gesetzgebende Gewalt	SWK 27
Massenmedien:	Informationsträger für Millionen von Menschen, z.B. TV, Radio, Zeitung,...	SWK 25
Metallgeld:	Münzen	SWK 08
Naturalgeld:	Warengeld	SWK 08
Nettolohn:	Bruttolohn minus gesetzliche Abzüge	SWK 11
Normen:	Regeln des Zusammenlebens	SWK 01
Papiergeld:	Banknoten	SWK 08
Ratenzahlung:	Bezahlung einer Ware in Zeitabständen (Raten)	SWK 15
Rechtsfähigkeit:	Jeder Mensch ist Träger von Rechten und Pflichten	SWK 13
Skonto:	Preisnachlaß	SWK 15
Soziale Marktwirtschaft:	Wirtschaftssystem der Bundesrepublik Deutschland	SWK 31
Sozialversicherungen:	Sammelbegriff für gesetzliche Unfallversicherung, Krankenversicherung, Arbeitslosenversicherung, Rentenversicherung	SWK 21
Strafmündigkeit:	Der Mensch kann für begangene Straftaten bestraft werden	SWK 13
Tarifvertrag:	Kollektiver (= gemeinsamer) Arbeitsvertrag	SWK 20